Dr. Stefanie Zysk

SPIELEND VOM BABY ZUM VORSCHULKIND

Die kindliche Entwicklung von 0–5 Jahren richtig einschätzen und gezielt spielerisch fördern in Krippe, Kiga und zu Hause

Illustrationen: Vanessa Paulzen

Ökotopia Verlag, Münster

IMPRESSUM

Autorin	Dr. Stefanie Zysk
Illustrationen	Vanessa Paulzen
Satz	art applied, Medienproduktion Hennes Wegmann, Münster
Notensatz	Ja.Ro-Music, Taunusstein
ISBN	978-3-86702-206-4

1. Auflage
© 2013 Ökotopia Verlag, Münster

Danksagung

Ich bedanke mich bei Karin Kindermann, die als Musikpädagogin meinen Liedtexten so wunderschöne Melodien gegeben hat. Kerstin Große und Dr. Irmingard Tichmann-Schumann haben mein Manuskript als Pädagogin und Kinderärztin mit Freude und fachlicher Kompetenz gelesen. Ich danke beiden für die anregenden Gespräche.
Großer Dank geht an meine Familie, die mich immer unterstützt hat, und besonders an meine Kinder, die alle Kniereiter, Fingerverse und Spiele bereitwillig ausprobiert und mich mit neuen Ideen versorgt haben.

Dr. Stefanie Zysk

Hinweis: Die Spiele in diesem Buch richten sich an Kinder ohne besondere Entwicklungsauffälligkeiten. Bei entwicklungsverzögerten oder behinderten Kindern sollte unbedingt ein Arzt aufgesucht werden, um passende Fördermöglichkeiten und Therapien zu finden.
Die Anleitungen in diesem Buch wurden sorgfältig recherchiert und erprobt. Dennoch übernehmen die Autorin und der Verlag keine Haftung für eventuelle Nachteile bei der Durchführung.

INHALT

EINLEITUNG

„Zwei Dinge sollen Kinder von ihren Eltern bekommen: Wurzeln und Flügel."

Johann Wolfgang von Goethe

Es gibt wohl kaum etwas Spannenderes, als die **Entwicklung eines Kindes von der Geburt bis zur Vorschule** aufmerksam zu beobachten. In nur wenigen Jahren wird aus einem hilflosen Neugeborenen eine selbstständige kleine Person mit eigenen Vorstellungen und besonderen Begabungen. Nie wieder wird ein Mensch so schnell und viel lernen wie in diesen ersten Lebensjahren.

Von Geburt an ist jedes Kind einmalig. Es besitzt nicht nur seine ganz eigenen **Erbanlagen,** schon im Mutterleib war es **individuellen Einflüssen** ausgesetzt. Nach der Geburt wird das Kind vor allem von seinem **familiären Umfeld** geprägt, später erweitert sich der Personenkreis – eine immer größer werdende Anzahl von Menschen nimmt Einfluss auf seine weitere Entwicklung.

Durch eine Vielzahl von Sinneseindrücken lernt das Kind die Welt um sich herum zu erfassen und zu verstehen. Das Zusammenspiel äußerer Einflüsse und genetischer Anlagen wird seine **Fähigkeiten trainieren sowie seine Vorlieben und Talente hervorbringen.**

Obwohl jedes Kind in anderen Lebensumständen aufwächst, läuft die **Entwicklung in den ersten Monaten und Jahren nach relativ festen Regeln** ab. Dennoch kann der Zeitpunkt, wann ein bestimmter Entwicklungsschritt getan wird, von Kind zu Kind sehr schwanken.

Diese Tatsache setzt gerade **Eltern** häufig unter Druck. Sie möchten für ihr Kind das Allerbeste und eine gute Mutter bzw. ein guter Vater sein. Immer wieder stellen sich Eltern die Frage, ob sie alles richtig machen und wie sie die **besten Voraussetzungen für eine gesunde Entwicklung** ihres Kindes schaffen.

Es gibt kein „Patentrezept" für das Zusammenleben mit einem Kind, denn **jedes Kind ist anders – und das ist gut so.** Eltern müssen – wie später ErzieherInnen – ihren eigenen Weg finden. Dieser ist individuell, sicher auch nicht ohne Fehler, sollte aber immer von **Liebe, Aufmerksamkeit und Vertrauen** geprägt sein. Der Erwachsene bietet dem Kind jederzeit seine Hilfe an, wenn es danach verlangt. Darüber hinaus gibt er ihm die Möglichkeit, sich frei und selbstständig zu entwickeln, aus Erfolg und Misserfolg zu lernen. Die Aufgabe besteht darin, dem Kind das Selbstvertrauen zu vermitteln, das es benötigt, um sein Leben eigenständig zu meistern.

Da neben den Eltern gerade auch **ErzieherInnen in Krippen und Kindergärten** die meiste Zeit mit den Kindern verbringen, ist besonders bei dieser Berufsgruppe große Aufmerksamkeit gefragt. Denn oft sieht ein unvoreingenommener Außenstehender mehr als ein emotional gebundener Familienangehöriger.

Durch aufmerksame Eltern, ErzieherInnen und KinderärztInnen ist es möglich, **Entwicklungsrückstände** bei Kindern früh zu erkennen. Darin liegt eine große Chance für jedes Kind. Denn eine **frühe Förderung** verspricht die besten Erfolgsaussichten für die Zukunft. Doch letztendlich braucht jedes Kind in jedem Alter Unterstützung bei seiner Entwicklung. Fehlen bestimmte Reize oder werden entscheidende Anstöße nicht zur richtigen Zeit gegeben, wird das Kind seine Möglichkeiten nicht ausschöpfen. Es kann Motorik, Sensibilität, Sprache, kognitive und soziale Fähigkeiten nur verzögert oder unzureichend entwickeln.

**Aber was ist eigentlich eine „normale"
Entwicklung?** Wann muss ein Kind bestimmte Fähigkeiten erlernt haben? Wann ist
ein Kind auffällig und muss professionell gefördert werden?

Dieses Buch soll Eltern und ErzieherInnen helfen, die Entwicklung eines Kindes richtig einzuschätzen und es **durch eine ganzheitliche
Entwicklungsförderung spielerisch zu unterstützen.**

Kurze Theorieteile beschreiben den **Verlauf
der Entwicklung** eines Kindes und die **Entwicklungsziele,** die innerhalb eines bestimmten Zeitraums erreicht werden sollten.
Gerade für mich als **Kinderärztin** ist es von
besonderer Bedeutung, dieses Wissen an in-
teressierte und engagierte ErzieherInnen und
Eltern weiterzugeben.

Die umfangreichen **Praxiskapitel** beinhalten
vielfältige **Spiele zur Entwicklungsförderung,** die dem jeweiligen Alter angepasst sind
und Kindern **Anreize und Entwicklungsan-
stöße** geben.

Und jetzt wünsche ich viel Spaß beim Lesen,
gemeinsamen Spielen und Lernen für ein
großes Ziel: gut entwickelte, eigenständige
Kinder mit Persönlichkeit und Pfiff!

Dr. Stefanie Zysk

ZUM UMGANG MIT DEM BUCH

„Spielen ist die Arbeit des Kindes."

Maria Montessori

Für einen Erwachsenen ist das eine ungewohnte Vorstellung. Was wie ein lustiger Zeitvertreib erscheint, fordert von Kindern jedoch körperlich und geistig höchste Leistungen. Sie lernen im Spiel täglich Neues hinzu und trainieren das schon Erfahrene. Bewegungsabläufe werden unzählige Male wiederholt. Was anfangs nur zufällig geklappt hat, kann auf einmal gezielt abgerufen werden. Durch spielerische Anreize und liebevolle Unterstützung können ErzieherInnen und Eltern Kinder bei ihrer Entwicklung optimal begleiten.

Die in diesem Buch beschriebenen **Spiele** geben vielfältige Anstöße, um die verschiedenen Entwicklungsschritte von Kindern zu unterstützen. Denn für **ErzieherInnen und Eltern** ist es wichtig zu wissen, wie sie **aktiv zu einer altersgerechten Entwicklung beitragen** können. Indem sie eine Umgebung anbieten, die immer wieder neue Anregungen schafft, werden Kinder gefordert und gefördert.

Die Besonderheit dieses Buches sind die vielen Praxisaktionen, die **differenziert nach Altersstufen** geordnet sind. **Von der Geburt bis zum Vorschulalter** finden sich kurze theoretische Erläuterungen und Infokästen, die **einen Überblick über alle wichtigen Entwicklungsschritte geben.** Denn wer die verschiedenen Entwicklungsschritte eines Kindes kennt und seine Fähigkeiten einschätzen kann, wird auch sein Verhalten besser nachvollziehen können.

Die Entwicklung eines Kindes wird von zahlreichen Faktoren beeinflusst und ist daher sehr variabel. Obwohl sich die meisten Kinder nach einem bestimmten Schema entwickeln, gibt es viele individuelle Abweichungen. Dies erschwert es, die Entwicklung eines Kindes zu beurteilen.

In der medizinischen Praxis orientiert sich der Kinderarzt oder die Kinderärztin daher bei den Vorsorgeuntersuchungen neben Längenwachstum, Gewichtszunahme und Veränderung der Körperproportionen auch immer an den sogenannten **„Meilensteinen der Entwicklung".** Diese Meilensteine legen fest, in welchem Alter ein Kind ein Entwicklungsziel, z. B. das sichere Sitzen oder das freie Laufen, erlernt haben sollte. Als Maßstab gilt, wann 95 Prozent der Kinder einer bestimmten Bevölkerung dieses Entwicklungsziel erreichen. Stellt der Kinderarzt fest, dass die Entwicklung vom normalen Entwicklungsweg abweicht – das Kind also zu den 5 Prozent der Gleichaltrigen gehört, die eine Fähigkeit im entsprechenden Alter nicht erlernt haben –, wird er nach dem Grund für die Entwicklungsverzögerung suchen. Werden die Meilensteine der Entwicklung nicht eingehalten, ist dies ein wichtiges Alarmsignal.

Doch nicht nur für MedizinerInnen ist die Kenntnis der Meilensteine wichtig. Auch **ErzieherInnen und Eltern sollten wissen, wann Entwicklungsziele nicht erreicht werden.** Je schneller Entwicklungsauffälligkeiten oder -verzögerungen erkannt werden, desto früher können eine diagnostische Abklärung und eine individuelle Förderung erfolgen.

Um sich im Alltag einen schnellen Überblick über die Entwicklungsschritte verschaffen zu können, sind die einzelnen Kapitel des Buches an die **neun Vorsorgeuntersuchungen** angelehnt, die KinderärztInnen von der Geburt bis zum Schulalter durchführen, um die kindliche Entwicklung zu beurteilen.

Der theoretische Teil der Kapitel erklärt unter der Überschrift **„Schau, was ich schon alles kann"** genau die einzelnen Entwicklungsschritte des Kindes und sein Können im jeweiligen Lebensalter.

Zudem enthält jedes Kapitel **Informationskästen** zu besonderen **Fähigkeiten, Verhaltensweisen, Auffälligkeiten und Unfallgefahren,** die für Kinder in den verschiedenen Entwicklungsphasen relevant sind.

Der praxisbezogene Teil jedes Kapitels bietet viele Förderspiele als Anreiz und Unterstützung, um die Entwicklung und die Intelligenz von Kindern positiv zu beeinflussen. Für Säuglinge finden sich z. B. zahlreiche Fingerspiele und Kniereiter, aber auch erste Motorik-Spiele. Für Kleinkinder werden z. B. Anleitungen zu Wahrnehmungs-, Bewegungs- und Sprachspielen gegeben.

Für eine rasche Orientierung sind bei allen Spielen neben **Alters- und Materialangaben** auch kurz zusammengefasst die Förderschwerpunkte benannt.

Alle beschriebenen Spiele sind für Kinder ausgelegt, die sich **ihrem Alter entsprechend entwickeln.** Falls ein Kind – im Vergleich zu seinen Altersgenossen – Schwierigkeiten bei der Bewältigung bestimmter Aufgaben zeigt oder sogar entwicklungsneurologische Auffälligkeiten festgestellt werden, muss **unbedingt ein Kinderarzt** hinzugezogen werden.

Am Ende jedes Kapitels befindet sich der Abschnitt **„Achtung: Das ist auffällig!"**, eine kurze Zusammenfassung, welche Entwicklungsauffälligkeiten der aufmerksame Beobachter unbedingt bemerken sollte. Die stichpunktartige Auflistung bietet sich für ErzieherInnen gerade im Alltag an, um die wichtigsten Informationen schnell nachlesen zu können.

Abschließende Hinweise finden ErzieherInnen und Eltern im Kapitel **„Aufmerksam sein – und bleiben".** Neben Angaben, welche Risikofaktoren Einfluss auf die kindliche Entwicklung nehmen, zeigt das Kapitel **„Wer kann helfen?",** an wen sich ErzieherInnen oder Eltern wenden können, falls ein Kind sich auffällig verhält oder verzögert entwickelt.

Das Buch leitet ErzieherInnen und Eltern an, Kinder liebevoll und kompetent zu begleiten, zu fördern und zu unterstützen, damit sie stark für ein ganzes Leben sind.

WILLKOMMEN AUF DER WELT

Das Neugeborene

U1
Unmittelbar
nach der Geburt

Plötzlich ist es da, das Kind, auf das Mutter und Vater neun Monate gewartet haben. Manche haben seit Wochen alles geplant, Listen abgearbeitet, damit auch wirklich nichts Wichtiges fehlt. Alles Wissenswerte wurde aus Büchern aufgesogen, um bestens gewappnet zu sein. Andere sehen der Familiengründung mit Gelassenheit entgegen und versuchen sich von der allgemeinen Aufregung nicht anstecken zu lassen.

Auf welche Weise auch immer sich angehende Eltern auf diesen neuen Lebensabschnitt vorbereiten – keine Vorstellungskraft der Welt reicht aus, um sich ein Leben mit Kind auszumalen: das unbeschreibliche Glück, das eigene Kind endlich in den Armen zu halten, das

Gefühlschaos in den ersten Tagen nach der Geburt, der Alltag, wo nichts ist, wie es vorher war. Keine Mutter und kein Vater hätten gedacht, dass so ein kleiner Mensch seine Umgebung von morgens bis abends auf Trab halten kann – nein, er tut es sogar nachts.

Doch egal, wie anstrengend es manchmal ist: Das engelsgleiche Lächeln des Babys im Schlaf, wie es den angebotenen Finger sofort mit seinem Fäustchen umschließt, der Geruch des Köpfchens beim abendlichen Kuscheln – das alles entschädigt tausendfach für jede nächtliche Schreiphase.

Für niemanden sonst opfern wir uns so hingebungsvoll auf, auch wenn wir manchmal am Ende unserer Kräfte sind. Wie oft passiert es einer Mutter in den ersten Wochen, dass sie mittags immer noch nicht geduscht hat. Ein selbst gekochtes Abendessen zu geregelten Zeiten scheint eine ferne Wunschvorstellung, und warum ist der Tag schon wieder vorbei, ohne dass man ein paar Besorgungen machen konnte?

Das neue Familienmitglied bringt viel Wirbel und sorgt für einen ganz neuen Tagesablauf. Doch kehrt abends Ruhe ein, gibt es nichts Schöneres, als neben dem Bettchen zu sitzen und dem Neugeborenen zuzusehen: ein winziger Mensch, der schon so vieles kann, obwohl er erst seit so kurzer Zeit auf der Welt ist.

Zu viel Besuch vermeiden

Kaum ist das Neugeborene auf der Welt, wollen Verwandte und Freunde „mal kurz" vorbeischauen, Geschenke bringen und den „kleinen Schatz" am liebsten auch noch ein bisschen auf den Arm nehmen.

Doch gerade die erste Zeit nach der Geburt brauchen das Neugeborene und auch die Eltern **Ruhe**. Zu viel Besuch stört die kleine Familie, unterbricht die anfangs **hochsensiblen Stillphasen** und macht damit Mutter und Kind nervös. Die ersten zwei Wochen nach der Geburt sollten Eltern ungestört mit ihrem Neugeborenen verbringen und ihr Familienglück ganz ohne Trubel genießen können.

Schau, was ich schon alles kann!

Die Geburt eines Kindes ist für Eltern das wohl größte emotionale Ereignis. Für das Neugeborene bedeuten die Minuten nach der Entbindung eine ungeheure Umstellung vom Leben in der Gebärmutter auf das Dasein außerhalb des Mutterleibs. Die Anpassung an die Außenwelt beginnt mit der **spontanen Atmung** des Neugeborenen, die Herzfrequenz liegt bei mind. 100 Schlägen in der Minute und der Körper zeigt innerhalb kürzester Zeit eine rosige Hautfarbe.

Das gesunde Neugeborene hält **Arme und Beine gebeugt** und **bewegt diese aktiv.** Wird das Neugeborene auf den Bauch gelegt, kann es bereits **durch kurzes Anheben den Kopf zur Seite drehen** und somit seine Atemwege frei halten. Sobald es an die Brust der Mutter gelegt wird, sichern **Such-, Saug- und Schluckreflex** die Nahrungszufuhr. Aber auch die **Schutzreflexe** wie Husten, Niesen oder Würgen sind sofort nach der Geburt auslösbar und bewahren das neue Leben.

Neugeborenenreflexe

Jedes Neugeborene zeigt in den ersten Lebenswochen Reflexe, die mit zunehmender Reife allmählich verschwinden. Das Fehlen dieser Reflexe bei Geburt oder das Fortbestehen über ein bestimmtes Alter hinaus sind wichtige Hinweise für eine Erkrankung oder Schädigung des Nervensystems. Hier einige Beispiele:

Der **Greifreflex** wird bei Berührung der Handinnenfläche oder der Fußsohle ausgelöst. Die Finger werden hierbei zu einer Faust geschlossen, die Zehen gekrümmt. Damit das aktive Greifen möglich ist, muss der Greifreflex verschwinden. Dies ist im 4. Lebensmonat der Fall. Der **Fußgreifreflex** kann meist bis zum freien Gehen ausgelöst werden.

Typisch für ein Neugeborenes ist auch der **Suchreflex.** Berührt man das Kind am Mundwinkel, dreht es den Kopf in Richtung des Reizes. Das Kind sucht auf diese Weise die Brust der Mutter. Dies sichert gemeinsam mit dem Saugreflex die Nahrungsaufnahme: Sobald einem Neugeborenen eine Fingerkuppe in den Mund gehalten wird, beginnt es heftig daran zu saugen. Beide Reflexe verlieren sich im 3. Monat. Das Kind kann jetzt aktiv saugen.

Das Urvertrauen fördern

Bereits das Neugeborene kann in seiner Entwicklung gestärkt und gefördert werden. In den ersten Wochen geht es dabei vorrangig darum, ein **Urvertrauen zwischen Eltern und Baby** zu schaffen. Denn das Geborgenheitsgefühl ist der Schlüssel für ein erfülltes Leben voller Selbstvertrauen.

Mit der Geburt verliert das Neugeborene seine sichere und vertraute Umgebung, den Mutterleib. Die neue Welt präsentiert sich kalt, groß und erfüllt von unbekannten Geräuschen. Die **Nähe zu den Eltern** ist jetzt das Allerwichtigste: die bekannte Stimme der Mutter, ihr Herzschlag und ihr Geruch, aber auch die wärmenden, starken Arme des Vaters, die das Kind im Wiegengriff (s. S. 12) halten, und seine Hände, die zärtlich über den Kopf des Kindes streicheln. Der **Körperkontakt** zwischen Eltern und Neugeborenem legt den Grundstein für das zukünftige Sozialverhalten des Kindes und seine Beziehungsfähigkeit.

Von besonderer Bedeutung für das Neugeborene ist eine **ruhige Umgebung.** Da der noch ungewohnte Alltag mit Kind oft chaotisch und stressig verläuft, sollte unbedingt auf ungestörte Phasen geachtet werden. Dies gibt dem Kind Sicherheit. Ein **geregelter Tagesablauf und Rituale** helfen dem Neugeborenen, sich in seiner neuen Welt zurechtzufinden. Doch am allermeisten braucht ein Baby viel, viel **Liebe.** Die körperliche Nähe beim Stillen und beim Kuscheln stärkt das Kind. Es gibt ihm das Gefühl von Geborgenheit und schafft zwischen Mutter, Vater und Kind ein Band für das ganze Leben.

Wiegengriff

Der Wiegengriff ist bei Kindern direkt nach der Geburt zu empfehlen. Das Neugeborene liegt in Rückenlage. Beim Hochheben wird der Kopf des Kindes mit der Hand unterstützend gehalten und dann in die Ellenbeuge des anderen Arms gelegt, der nun auch den Körper des Kindes trägt. Zusätzlich kann die Hand des anderen Arms an den Rücken oder an das Gesäß des Säuglings gelegt werden. Dieser Griff ermöglicht Kind und Bezugsperson einen guten Blickkontakt.

EINE FAMILIE WÄCHST ZUSAMMEN

Das Baby in der ersten Lebenswoche

U2
3.–10.
Tag

Die ersten Tage mit dem neuen Familienmitglied sind für alle eine ungewohnte Zeit. Eltern und Baby müssen sich gegenseitig kennenlernen und aneinander gewöhnen. Für die frisch gebackenen Eltern ist es wichtig, ein Gefühl für die Bedürfnisse des Kindes zu entwickeln. Das Neugeborene gestaltet vom ersten Tag an die Welt um sich herum mit. Doch es ist darauf angewiesen, bedingungslos akzeptiert und respektiert zu werden. Für ein erfolgreiches Zusammenwachsen ist es daher wesentlich, das Kind anzunehmen, wie es ist, denn es hat bereits seine ganz eigene Persönlichkeit und seinen besonderen Charakter. Wünsche und Erwartungen an das Kind können einem entspannten Miteinander im Weg stehen. Vielmehr werden Eltern durch ein ruhiges und geduldiges Beobachten des Kindes seine Körpersprache von Tag zu Tag besser verstehen und ein immer größeres Zusammengehörigkeitsgefühl entwickeln.

Wie viel Schlaf braucht ein Kind?

Der Schlaf eines Kindes teilt sich in zwei verschiedene Schlafphasen: Während des **friedlichen Tiefschlafs** ist das Gesicht des Babys entspannt. Die Augenlider sind ruhig geschlossen, der Körper bewegt sich kaum.

Die zweite Schlafphase ist ein **aktiver Schlafzustand.** Hier bewegen sich die Augen unter den geschlossenen Lidern schnell hin und her, man nennt dies **„rapid eye movements".** Daher leitet sich auch die Bezeichnung **REM-Schlaf** ab. Das Kind atmet in dieser Phase oft unregelmäßig und bewegt Arme und Beine: Es träumt. Wir haben den Eindruck, das Baby wäre kurz vor dem Aufwachen, was zwischenzeitlich auch geschieht. Meist findet das Kind jedoch von selbst in die ruhige Schlafphase zurück. Die beiden Schlafzyklen sind sehr kurz und wechseln sich etwa stündlich ab.

Das **Schlafbedürfnis** kann von Kind zu Kind sehr unterschiedlich sein. Während ein Neugeborenes im Durchschnitt 16 bis 18 Stunden schläft, nimmt ab dem dritten Lebensmonat die Wachzeit tagsüber deutlich zu. Mit sechs Monaten machen Babys oft nur noch zwei Nickerchen von ein bis zwei Stunden.

Wie Erwachsene brauchen auch Kinder unterschiedlich viel Schlaf. Entscheidend ist, ob ein Kind munter und ausgeruht ist, dann hat es auch ausreichend geschlafen und kann sich gut entwickeln.

Schau, was ich schon alles kann!

In den ersten 10 Tagen sind die Bewegungen des Neugeborenen noch stark von **Primitivreflexen** überlagert. Das Baby streckt und beugt spontan die Arme und Beine. Diese Bewegungen sind symmetrisch und meist rhythmisch, die Geschwindigkeit ist variabel. In Bauchlage kann der **Kopf für einige Sekunden gehoben** und zur Seite gedreht werden. Diese Fähigkeit ist für ein Kind von größter Wichtigkeit, um seine Atemwege frei zu halten. Wird das Baby auf dem Arm getragen, **muss der Kopf immer gestützt werden.** Die Nackenmuskulatur ist nur für wenige Sekunden stark genug, um die Kopfkontrolle zu übernehmen. Das **Hochnehmen** des Neugeborenen sollte mit dem „Schalengriff" über die Seite (s. S. 15.) geschehen, damit das Kind seinen Kopf selbst stabilisieren kann.

Die Augen des Kindes bewegen sich parallel. Es kann in einem Abstand **zwischen 25 und 30 cm scharf sehen.** Gegenstände in weiterer Entfernung werden nur verschwommen wahrgenommen. Das Neugeborene **verfolgt Lichtquellen** und betrachtet besonders gerne Gesichter. Der **Blickkontakt mit vertrauten Personen** ist für das Kind sehr wichtig. Typischerweise imitiert es die Gesichtsausdrücke der Eltern – schon früh wird also durch Nachahmung gelernt.

Das Baby **reagiert auf Geräusche,** indem es z. B. in der Bewegung innehält oder sich erschreckt. **Besonders gut ist der Geruchssinn ausgeprägt,** sodass vertraute Personen dadurch sofort erkannt werden. Die Mutter ist als Nahrungsquelle mit ihrem Milchgeruch am begehrtesten.

Ein Neugeborenes verlangt **alle 2 bis 4 Stunden nach Nahrung.** Die Wachphasen sind nur kurz und nach dem Trinken ermüdet das Kind schnell. Die Schlaf-Wach-Phasen sind in den ersten Wochen noch nicht gefestigt.

Hochnehmen mit dem Schalengriff über die Seite

Das Kind liegt auf dem Rücken und wird mit beiden Händen seitlich am Rumpf gehalten. Der Daumen liegt auf dem Brustbein, die übrigen Finger umgreifen den Rücken. Um dem Kind nicht wehzutun, sollte es etwas unterhalb der Achsel gehalten werden. Die Hände umgreifen das Kind jetzt wie eine sichere „Schale".

Es wird auf eine Seite gedreht und vorsichtig hochgehoben. So kann das Kind seinen Kopf selbst halten – er muss nicht extra abgestützt werden.

Babys sollten nicht immer über die gleiche Seite hochgehoben werden, um Vorzugshaltungen zu vermeiden.

Soziale Kompetenzen fördern

Bereits kurz nach der Geburt kann ein Säugling schon eine ganze Menge. Das Baby ist z. B. vom ersten Tag an in der Lage, **die Stimme seiner Mutter oder seines Vaters von anderen Stimmen zu unterscheiden.** Auch die eigene **Muttersprache** erkennt es an Rhythmus und Melodie. Eltern reagieren intuitiv richtig auf die Kontaktsuche ihres Kindes. Sie benutzen eine höhere Stimmlage, wenn sie sich mit ihrem Kind unterhalten. Die Sprachmelodie ist ruhiger und langsamer, die Satzstruktur einfacher. Außenstehende amüsieren sich oft über diese **„Babysprache"** – auch „Ammensprache" genannt –, die jedoch den Vorlieben und Bedürfnissen des Kindes genau angepasst ist.

Schon das Neugeborene ist an Gesichtern sehr interessiert, auch wenn es diese anfangs nur schematisch wahrnimmt. Instinktiv halten Eltern ihr Baby in einem Abstand von etwa 25 cm vor ihr Gesicht. In dieser Entfernung erkennt das Kind Farben und Formen am deut-

lichsten. Durch übertriebene Gesichtsausdrücke und entsprechende Lautäußerungen wird das Interesse des Babys geweckt und es **ahmt die Mimik der Eltern** in den ersten Tagen nach der Geburt sogar **nach.**

Doch Kommunikation ist nicht nur über Sprache möglich. Durch die Berührung der Haut wird zusätzlich Kontakt aufgebaut. **Streicheln und Kuscheln** sind für ein Kind lebensnotwendig und fördern seine sozialen Kompetenzen. In Ruhe den engen Körperkontakt erleben ist nicht nur für das Kind ein Genuss. Auch für die Eltern ist das bewusste Schmusen etwas Besonderes, das gleichzeitig die Entwicklung des Kindes unterstützt. Ist das Baby während des Kuschelns eingeschlafen und fühlt sich wohl, zeigt es vielleicht auch das sogenannte **„Engelslächeln".** Dies ist noch kein bewusstes Lächeln, sondern entsteht aus einer Folge von reflexartigen Muskelkontraktionen. Es wird auch das „Vorlächeln" genannt und ist bezaubernd schön.

Prävention plötzlicher Kindstod

Der **plötzliche Kindstod** (in der Fachsprache „sudden infant death syndrome = SIDS genannt) tritt in 90 Prozent der Fälle vor dem 6. Lebensmonat auf. Die Todesursache ist nicht erklärbar. Es gibt jedoch **Risikofaktoren,** die die Wahrscheinlichkeit des unerwarteten Säuglingstods signifikant erhöhen. Folgendes ist daher dringend zu beachten:

* Der Säugling darf in **Bauchlage** nie unbeobachtet bleiben und nur in Rücken- oder Seitenlage (unterstützt durch eine Handtuchrolle) schlafen.
* Die Zimmertemperatur für ein schlafendes Kind liegt bei 16 bis 18 °C. Zu viel Bekleidung und Bettzeug können zu **Überwärmung** des Kindes führen.
* Während der Schwangerschaft und in der Umgebung des Kindes darf **nicht geraucht** werden.

Achtung: Das ist auffällig!

Ein Neugeborenes sollte einem Arzt vorgestellt werden, wenn es

* unregelmäßig atmet,
* keine rosige Hautfarbe hat,
* kaum trinkt und eine gelbe Hautfarbe entwickelt, damit eine Neugeborenengelbsucht ausgeschlossen werden kann,
* Still- oder Trinkschwierigkeiten zeigt,
* sein Gegenüber gar nicht betrachtet,
* keine Laute von sich gibt,
* in Bauchlage nicht kurzzeitig den Kopf hebt und zur Seite dreht,
* mit seinen Extremitäten keine gleichseitigen Bewegungen macht,
* nicht regelmäßig weichen Stuhl absetzt.

DAS SCHÖNSTE LÄCHELN DER WELT

Das Baby in den ersten beiden Lebensmonaten

U3
4.–6.
Woche

Viel Neues gibt es für das Baby in den ersten zwei Monaten zu sehen. Die Lichtstrahlen, die bei der Spazierfahrt im Kinderwagen durch die Blätter der Bäume fallen, die Vorhänge, die sich im Wind bewegen, oder das Mobile über der Wiege. Alles ist neu und aufregend. Die große Welt macht aber auch noch ungewohnte Geräusche, sie riecht und schmeckt unterschiedlich.

Die vielen neuen Eindrücke sind für das Kind spannend, manchmal aber auch überreizend und irgendwann immer erschöpfend. Dann ist Zeit für Erholung angesagt. Der Säugling muss wieder seine Ruhe und sein Gleichge-

wicht finden. Da für Babys das Saugen das Allerschönste ist, wirkt ein Schnuller bei den meisten Kindern sehr beruhigend. Das Nuckeln wird im ersten Lebensjahr nicht zu Kieferverformungen oder Zahnfehlstellungen führen und auch im zweiten Lebensjahr darf der Schnuller ruhig zum Schlafen benutzt werden. Viel wichtiger ist, dass das Kind sich durch ihn selbst trösten kann und damit schon ein Stück Selbstständigkeit erlangt. Und wenn dann alles wieder gut ist, wird die vertraute Person mit etwas ganz Besonderem belohnt: dem ersten richtigen Lächeln.

Schau, was ich schon alles kann!

Im Alter von vier Wochen beginnt das Kind sich langsam an seine Umwelt anzupassen. Es entwickelt ab dem 2. Lebensmonat einen **geordneteren Schlaf-wach-Rhythmus** und hat zu regelmäßigeren Zeiten Hunger – wobei die Phasen von Kind zu Kind beträchtlich variieren können. Vonseiten der Eltern ist der Schlaf- und Wachrhythmus nur bedingt beeinflussbar, indem sie sich tagsüber anregend und nachts eher ruhig verhalten. Jedes Kind reagiert jedoch individuell und entspricht nicht immer den Vorstellungen der Eltern.

Die Bewegungen sind weiterhin ungezielt, werden aber schon weniger von Primitivreflexen überlagert. In Rückenlage sind **Arme und Beine** meist **symmetrisch gebeugt,** im 2. Monat wird schon **alternierend gestrampelt.** Die Hände sind locker gefaustet oder spontan offen. Manchmal gelingt es dem Kind schon, eine Hand in den Mund zu stecken und daran zu saugen.

In Bauchlage kann der Kopf gut zu beiden Seiten gedreht werden. Dabei wird der **Kopf in der Mittelstellung kurzzeitig gehoben.**

Die Beine zieht das Kind fast immer unter das Gesäß und kann schon erste Kriechbewegungen machen. Wird der Säugling sitzend gehalten, fällt der Kopf wegen mangelnder Kopfkontrolle nach vorne, der Rücken ist rund. Gerne betrachtet das Baby das Gesicht von Mutter oder Vater. Am besten erkennt es **Gegenstände** in etwa 30 cm Entfernung und kann diese **kurzzeitig mit Augen- und Kopfbewegungen verfolgen.**

Bei Geräuschen hält das Kind in seiner Bewegung inne, dreht jedoch noch nicht den Kopf zur Tonquelle. Der Säugling sucht jetzt zunehmend den Kontakt zu seiner Umgebung, gibt **A-, O- oder U-Laute** von sich und zeigt im Alter von 6 bis 8 Wochen das **„soziale Lächeln".** Dieses aktive Lächeln ist – im Gegensatz zum „Engelslächeln" (s.S. 16) – ein bewusster Vorgang. Es ist offen und richtet sich direkt an die Person gegenüber: ein großer Schritt in der sozialen Entwicklung, denn es ermöglicht dem Kind Kontakt zu anderen Menschen aufzunehmen.

Spielerische Förderangebote

Bereits im Alter von wenigen Wochen kann ein Neugeborenes spielen – auch wenn dieses Spiel noch nicht mit dem von Kleinkindern vergleichbar ist. Es sind eher spielerische Angebote des Erwachsenen, die das Kind in seiner Entwicklung unterstützen und es liebevoll und auf vielfältige Weise zum Lernen anregen.

Durch die verschiedenen Sinneswahrnehmungen wie das Sehen, Hören und Fühlen erlebt das Kind ständig neue Eindrücke und kann so weiterbringende Fähigkeiten entwickeln. Ein vielseitiges Angebot für sinnliche Erfahrungsmöglichkeiten wird sich positiv auf seine spätere Entwicklung auswirken.

Da für den Säugling alles noch fremd und unbekannt ist, sollten die Sinneserlebnisse das Kind nicht überfordern oder erschrecken, sondern sein Interesse wecken. Spielzeuge, die bei Berührung laute Geräusche machen, hektisch leuchten und sich vielleicht sogar bewegen, werden den Säugling mehr irritieren als animieren.

Eine Spieluhr mit leiser, angenehmer Melodie, ein Beißring, der im Mund zu keinerlei Verletzungen führt und ein wahres Abenteuer für die Zunge ist, oder ein weiches Buch in strahlenden Farben mit einfachen Formen erlauben dem Säugling ein ruhiges, konzentriertes Erforschen und Erleben.

Die Anwesenheit der Bezugsperson vermittelt zusätzlich Sicherheit und stärkt die zwischenmenschliche Bindung.

Buntes Mobile

Es ist eines der ältesten Spielzeuge für Kinder und hat große Tradition. Das Mobile regt ganz besonders den Sehsinn des Kindes an, hat aber durch seine langsame Drehbewegung auch beruhigende Funktion. Besonders wichtig sind für Neugeborene bunte Farben und kontrastreiche Muster. Ein Kind sieht zwar von Geburt an farbig, allerdings kann es ähnliche Farben nur schwer voneinander unterscheiden. Es bevorzugt daher in den ersten Lebenswochen Schwarz, Weiß und knallige, leuchtende Farben sowie auffällige Muster.

Alter: ab 4 Wochen
Material: Pappe, buntes Papier (Tonpapier, gemustertes Geschenkpapier), Schere, Klebstoff, Faden, Stock, Kordel
Förderschwerpunkte: visuelle Wahrnehmung, Beruhigung

Aus Pappe und buntem Papier werden einfache Figuren, z. B. Kreise, ausgeschnitten.
Die Pappkreise werden beidseitig mit den Papierkreisen beklebt.
Mit einer spitzen Schere werden oben und unten Löcher in die Kreise gebohrt.
Ein Faden wird durch mehrere Kreise gezogen und mit einem Fadenende an einem Stock verknotet. Weitere Fäden lassen sich mit Kreisen versehen und am Stock befestigen.
Mit einer Kordel wird der Stock an der Decke aufgehängt – fertig!

Der Erwachsene legt das Baby unter das Mobile und setzt das Mobile leicht in Bewegung. Gemeinsam betrachten beide in Ruhe die wechselnden Farben der sich langsam drehenden Kreise.
Wenn das Baby ruhig ist und sich auf das Mobile konzentriert, darf es sein Spielzeug natürlich auch allein genießen.

TaschenlampenLichtspiel

Mit vier Wochen ist ein Baby in der Lage, Gegenstände in ca. 25 cm Entfernung genau zu betrachten. Da es aber weiter entfernte Dinge nicht scharf sehen kann, sind besonders Hell-Dunkel-Kontraste und Lichtquellen für das Baby interessant.

Alter: ab 4 Wochen
Material: Decke, Taschenlampe; evtl. Hängeleuchte
Förderschwerpunkte: visuelle Wahrnehmung, Blickfixierung

Der Erwachsene legt das Baby in Rückenlage auf die Spieldecke oder hält es von sich weggedreht im Arm. Mit der Taschenlampe wirft er in einem dämmrigen Raum Lichtsignale an die Zimmerdecke oder an die Wand.
Das Kind braucht anfangs Zeit, um den Lichtpunkt zu fixieren und zu betrachten. Im weiteren Verlauf wird die Lampe langsam in verschiedene Richtungen bewegt, sodass das Baby dem Lichtspiel mit Augen und Kopf folgen kann.

Variante

Babys betrachten auch gerne schaukelnde Hängeleuchten. Das Licht sollte allerdings niemals direkt in die Augen des Kindes scheinen!

Singen und Tanzen

Alle Babys lieben Musik. Während die einen eher ruhige und langsame Melodien bevorzugen, mögen es die anderen gern schwungvoll. Besonders schön ist es für Kinder, wenn die eigene Mutter oder der Vater für sie singt. Die vertraute Stimme, der Rhythmus und dazu passende Schaukel- und Tanzbewegungen machen das Baby glücklich und verstärken die Bindung zwischen Eltern und Kind. Gleichzeitig fördern Musik und Gesang die Sprachentwicklung.

Alter: ab 4 Wochen
Förderschwerpunkte: auditive Wahrnehmung, Sprachentwicklung, Gleichgewichtssinn, Wohlbefinden, Bindung Bezugsperson – Kind

Das Baby wird dicht am Körper des Erwachsenen gehalten. Der Kopf des Kindes sollte gut gestützt sein.
Passend zur Musik werden anfangs ruhige, sanfte Bewegungen gemacht. Je nach Vorlieben und Alter des Kindes können Musik und Tänze im Verlauf schwungvoller und schneller werden.
Tipp: Schon ein Neugeborenes hat bestimmte Lieblingslieder. Während manche sich bei klassischer Musik hervorragend beruhigen und einschlafen, mögen andere gerne Lieder, die das Geschwisterkind singt, oder Schlager aus dem Radio. Vielleicht erinnert sich das Baby sogar noch an die Musik, die die Eltern gerne während der Schwangerschaft gehört haben. Es macht Spaß herauszufinden, welcher „Musiktyp" das Neugeborene ist.

Unterwegs mit dem Auto

Viele Babys lieben das Autofahren. Das monotone Brummen und das stetige Vibrieren lassen so manchen Schreihals besser einschlafen als jedes Schlaflied. Doch für jede noch so kurze Fahrt sind einige Sicherheitsvorkehrungen dringend zu beachten:

- Die Babyschale muss korrekt nach Angaben des Herstellers befestigt werden.
- Die Blickrichtung des Kindes ist immer nach hinten gerichtet.
- Auf der Rückbank ist der sicherste Platz für die Babyschale. Sollte das Kind auf dem Beifahrersitz transportiert werden, muss unbedingt der Beifahrer-Airbag ausgeschaltet werden.
- Regelmäßige Pausen sind wichtig, um das Kind aus dem Sitz zu nehmen, damit es sich bewegen kann. Lange Autofahrten sollten in den ersten Monaten vermieden werden.

Im Traumland

Text: Stefanie Zysk
Musik: Karin Kindermann

Schon kleine Babys brauchen Rituale vor dem Schlafengehen. Das Windeln und Anziehen des Schlafsacks gehören genauso dazu wie das ausführliche Kuscheln und das Vorsingen eines Schlafliedes. Jede Familie hat abends ihre eigene Zeremonie, bei der sich die Eltern ihrem Kind noch einmal ganz intensiv widmen. Das Baby kommt zur Ruhe und findet so besser seinen Schlaf-wach-Rhythmus. Gerade das Singen von Schlafliedern ist ein uraltes und weltweit bekanntes Ritual. Eingängige, leise Melodien beruhigen das Kind, geben Geborgenheit und helfen – wie durch Zauberhand – ins Traumland zu kommen.

Refrain

D | Hm | D | G A | G

Komm zur Ruh, komm zur Ruh, ma-che dei-ne Äug-lein zu, schla-fe ein,

A | D | G | A | D | **Strophe**

schla-fe ein, bald wirst du im Traum - land sein. 1. Der

A | D | A | D

Mond geht auf und lacht dir zu, die Eu - le ruft: „Hu - hu, hu-hu". Das

G D | G D | G D | A | D

Reh-lein ku-schelt sich ins Gras, in sei-ner Mul-de schläft der Has'.

Alter: ab 4 Wochen
Förderschwerpunkte: auditive Wahrnehmung, Sprachentwicklung, Musikempfinden, Beruhigung, Geborgenheit

Refrain: Komm zur Ruh, komm zur Ruh,
mache deine Äuglein zu,
schlafe ein, schlafe ein,
bald wirst du im Traumland sein.

1. Der Mond geht auf und lacht dir zu,
die Eule ruft: „Huhu, huhu".
Das Rehlein kuschelt sich ins Gras,
in seiner Mulde schläft der Has'.

Refrain: Komm zur Ruh, komm zur Ruh …

2. Ein Sternlein schaut auf dich herab,
das Fröschlein, das macht: „Quak, quak, quak."
Die letzte Biene summt nach Haus,
unter der Erde schläft die Maus.

Refrain: Komm zur Ruh, komm zur Ruh …

3. Ein Engel fliegt herab zu dir,
singt in dein Ohr: „Ich bleibe hier.
Sitz' neben dir die ganze Nacht,
beschütze dich und halte Wacht."

Refrain: Komm zur Ruh,
komm zur Ruh …

Warum schreit mein Baby?

Es gibt viele Gründe, warum ein Baby schreien kann: **Hunger, Bauchweh, Wut,** vielleicht auch einfach nur **Sehnsucht** nach Mutter oder Vater. Seine Eltern immer wieder ganz sicher an seiner Seite zu wissen, ist für das Baby überlebensnotwendig. Da es noch nicht sprechen kann, bleibt das Schreien die einzige Möglichkeit, um seine Umwelt auf sich aufmerksam zu machen, Trost oder Nahrung zu bekommen und sich sicher versorgt zu wissen. Manche Neugeborene haben fast jeden Nachmittag oder Abend eine regelrechte Schreistunde. Besonders die **Dreimonatskoliken** machen vielen in den ersten Lebenswochen zu schaffen. Hier kann das sanfte **Streicheln des Bauches im Uhrzeigersinn** oder das **Tragen im Fliegergriff** (s. S. 24) hilfreich sein.

Doch nicht immer lässt sich herausfinden, was dem Kind fehlt. Jeder Versuch, es zu beruhigen oder abzulenken, bleibt erfolglos. Es wird angenommen, dass die vielen Reize des Tages vom Kind oft nicht verarbeitet werden können. Durch das Schreien **entladen sich angestaute Spannungen.** Umso wichtiger ist es daher, dass die Bezugsperson **Ruhe bewahrt.** Ihre Gegenwart, ihre Stimme, ihr Streicheln spenden Trost, bis die Welt wieder in Ordnung ist. Von Mutter und Vater wird jetzt vieles abverlangt. Die Nerven liegen blank, Übermüdung, Anspannung und Erschöpfung tun ihr Übriges. **Kurze Auszeiten** sind gerade dann besonders wichtig. Wenn nichts mehr geht, kann es hilfreich sein, das Kind an einem sicheren Ort abzulegen und kurz im Nebenzimmer zur Ruhe zu kommen. Eine Runde mit dem Kinderwagen an der frischen Luft beruhigt hitzige Gemüter oder kann das Baby zumindest kurzzeitig ablenken. Ist der Partner oder die Partnerin zu Hause, können Eltern ihre Ohnmacht teilen, sich abwechseln und immer wieder klar machen: **Das schreiende Kind leidet und braucht Trost.** Ein Baby schreien zu lassen, um es abzuhärten oder nicht an zu viel Aufmerksamkeit zu gewöhnen, wird seinen Bedürfnissen nicht gerecht und schadet seiner seelischen Entwicklung sowie dem Aufbau von Urvertrauen.

Und wenn die elterlichen Nerven wieder einmal blank liegen, hilft die Zuversicht: Irgendwann ist auch diese Phase geschafft!

Fliegergriff

Bei diesem Griff liegt das Baby mit dem Bauch nach unten auf dem Arm des Erwachsenen. Der Kopf des Kindes befindet sich bequem und sicher in der Ellenbeuge. Der Körper des Babys liegt auf dem Unterarm; die Hand hält es zwischen seinen Beinen fest. Je schwerer das Kind wird, desto angenehmer wird es für den Tragenden, beide Arme zu gebrauchen.

Babymassage

Von einer Massage profitiert ein Baby in vielerlei Hinsicht. Sie ist wohltuend, entspannend und Schlaf fördernd. Der sanfte und großflächige Druck der Hände von Mutter bzw. Vater vermitteln dem Kind Sicherheit und Halt und stärkt so die Eltern-Kind-Bindung. Die Haut ist gerade in den ersten Lebenswochen eines der wichtigsten Sinnesorgane für das Baby. Durch die Massage werden die Sensibilität und das Körperbewusstsein geschult.

Alter: ab 4 Wochen
Material: Decke, Handtuch, Babyöl
Förderschwerpunkte: Sensibilität, Körperbewusstsein, Bindung Bezugsperson – Kind, Wohlbefinden

Das nackte Baby liegt ruhig und entspannt in Rückenlage auf einer weichen Decke, die durch ein Handtuch geschützt ist. Der Raum sollte gut beheizt sein, damit das Kind nicht friert.

Die warmen Hände des Erwachsenen werden mit hautfreundlichem Babyöl eingerieben.

Die Massage beginnt an Armen oder Beinen durch gleichmäßiges Streichen von den Schultern zu den Händen, danach von den Hüften zu den Füßen.

Die Massagebewegungen werden mehrfach wiederholt.

Anschließend fahren die Hände von den Schultern über die Brust des Babys zum Bauch. Dieser wird im Uhrzeigersinn massiert.

Das Baby wird in Bauchlage gedreht und sein Rücken massiert, indem die Hände wiederholt vom Scheitel über die Schultern zum Po streichen.

Zum Abschluss wickelt der Erwachsene das Kind in das Handtuch, um noch ein bisschen zusammen zu kuscheln und zu entspannen.

Achtung: Das ist auffällig!

Das Kind im Alter von 6 Wochen sollte einem Arzt vorgestellt werden, wenn es
- Saug-/Schluckschwierigkeiten oder starkes Erbrechen bei fehlender Gewichtszunahme hat,
- kein Hungergefühl zeigt und vor einer Mahlzeit niemals schreit,
- sich bei lauten Geräuschen nicht erschrickt,
- Gesichter oder Gegenstände nicht fixiert,
- dem Licht einer Lampe mit den Augen nicht ein wenig nach rechts oder links folgt,
- Ende der 8. Lebenswoche kein soziales Lächeln zeigt,
- in Bauchlage den Kopf nicht für einen kurzen Moment heben und zur Seite drehen kann,
- sich häufig steif macht, nach hinten überstreckt und dabei den Kopf weit in den Nacken legt oder die Hände zu Fäusten ballt.

HALLO WELT, ICH WILL DICH KENNENLERNEN!

Das Baby im 3. bis 5. Lebensmonat

U4
3.–4.
Monat

Seit zwei Monaten ist das Baby nun schon auf der Welt. Wie sehr hat es sich seit der Geburt verändert! Aus dem hilflosen Würmchen ist ein aktiver Säugling geworden. Er hat viel dazu gelernt und kann sogar schon mit seiner Umwelt kommunizieren – natürlich nicht mit Worten, aber mit Geräuschen, Gesichtsausdrücken, mit dem ganzen Körper. Je nach Stimmungslage kann er laut lachen und glucksen vor Freude, strampeln und jauchzen vor Erregung oder ohrenbetäubend brüllen vor Hunger.

Und noch etwas ist neu: Das Baby will die Welt um sich herum kennenlernen. Es hat sich an die neue Umgebung außerhalb des Mutterleibes gewöhnt und kennt die vertrauten Personen um sich herum. Nun kann es sich auf Neues konzentrieren und seine Umwelt erforschen.

Für manche Mutter beginnt in dieser Zeit wieder der Arbeitsalltag. Falls keine Möglichkeit besteht, sich mit dem Partner in der Betreuung des Kindes abzuwechseln, ist es ratsam, sich so früh wie möglich um einen Platz in einer räumlich und personell gut ausgestatteten Krippe oder bei qualifizierten Tageseltern zu kümmern. Es ist wichtig, eine Lösung zu finden, die Eltern und Kind zufriedenstellt, damit sich alle wohlfühlen und keiner ein schlechtes Gewissen haben muss. Eine entspannte Eingewöhnungszeit vor dem Arbeitseinstieg schafft dafür eine gute Grundlage (vgl. S. 39f. „Achtung, fertig, drehen").

Schau, was ich schon alles kann!

Damit sich das Baby mit seiner Umgebung beschäftigen kann, sind bestimmte motorische und geistige Fähigkeiten nötig. Am Anfang des dritten Monats sind die Phasen, die es z.B. in Bauchlage verbringen möchte, noch kurz und oft mit unzufriedenem Geschrei verbunden. Doch je besser die **Muskulatur trainiert** ist, desto mehr wird das Baby diese Körperstellung mögen und irgendwann sogar bevorzugen. Denn das Kind kann nun immer mehr von seiner Umwelt sehen und wird sich am Ende des dritten Monats **auf die Unterarme stützen,** um sich so einen noch besseren Überblick zu verschaffen.

Im vierten Monat heben die Kinder in Bauchlage auch manchmal Arme und Beine gleichzeitig vom Boden ab. Durch das Vorstrecken eines Armes kugeln sie ungewollt in die Rückenlage zurück. So gelingen erst zufällig und ab dem 5. Monat immer geübter **Drehungen aus der Bauch- in die Rückenlage.**

Auch die **Kopfkontrolle wird sicherer.** Unabhängig davon, wie das Kind gehalten wird – ob gerade, schräg oder waagerecht: Mit 4 Monaten kann es seinen Kopf immer besser ausbalancieren und die Kopfstellung der veränderten Körperposition anpassen. In Bauchlage hebt es den Kopf bis 90 Grad, kann ihn in dieser Stellung eine Zeit lang halten und zur Seite drehen.

Nur bei Anspannung oder Angst ballt das Baby die Hände noch zu kleinen Fäusten, sonst sind sie meist locker geöffnet. Dadurch kann es jetzt **willkürlich nach Spielzeug greifen,** benutzt dazu aber noch ungezielt die ganze Hand. Das **räumliche Sehen,** das ein Kind etwa im Alter von zwölf Wochen erlernt, ermöglicht es ihm, den Abstand zu einem begehrten Spielzeug einzuschätzen. Im vierten Monat nimmt es sich auch Gegenstände, die von der Seite gereicht werden.

Seinen Händen widmet das Baby nun viel Aufmerksamkeit. Es betrachtet sie lange, spielt mit ihnen und bringt sie vor der Brust zusammen. Am liebsten steckt es die Finger, manchmal nahezu die ganze Hand, in den Mund. Auch **alle Gegenstände,** die es in die Finger bekommt, **landen im Mund.** Die Zunge und Lippen ermöglichen dem Baby ein genaues Erforschen von Formen und Oberflächen. Dazu kommen **variantenreiche Laute** vom Brabbeln über Quietschen, Gurren und Gurgeln bis hin zum jauchzenden Lachen.

Spielerische Förderangebote

Auch für ein Baby zwischen drei und fünf Monaten gibt es zahlreiche Möglichkeiten, es spielerisch zu animieren. Das Meiste ist uns allen schon lange bekannt, z. B. Fingerspiele oder der Kniereiter „Hoppe, hoppe, Reiter". Viele werden sagen: Das haben doch unsere Großmütter schon gemacht. Das stimmt! Unsere Großmütter haben intuitiv das Richtige angeboten, um die kindliche Entwicklung zu fördern. Inzwischen ist bekannt, wie vielseitig Kniereiter und Fingerspiele die Entwicklung des Kindes unterstützen und sind zu Hause, aber auch in pädagogischen Einrichtungen nicht mehr wegzudenken. Gerade für professionelle Kinderbetreuung macht es einen nicht unwesentlichen Qualitätsunterschied, wenn z. B. ErzieherInnen bewusst ist, welche Bereiche ein Fingerspiel oder ein Kniereiter genau fördert. Diese sind nicht nur ein Zeitvertreib, sondern beeinflussen die kindliche Entwicklung auf vielfältige Weise positiv. Diese spielerischen Anregungen unterstützen die Entfaltung der körperlichen, geistigen und emotionalen Fähigkeiten – gleichzeitig machen sie viel Spaß und werden Babys oft ein lautes Lachen entlocken!

Erste Bauchlagenversuche

Das Trainieren der Rückenmuskulatur in Bauchlage ist eine wichtige Voraussetzung für das spätere Krabbeln und freie Sitzen. Das Anheben des Kopfes und des Oberkörpers in dieser Position beansprucht die Rückenmuskulatur besonders stark. Das ist anstrengend und gefällt den meisten Babys anfangs nicht so gut.
Zu Beginn sollten diese Phasen daher nur kurz sein. Im Laufe der Zeit wird sich das Kind an die neue Lage gewöhnen. Wenn es älter wird und sich selbstständig drehen kann, wird es sich unentwegt vom Rücken auf den Bauch und zurück kugeln. Dennoch gibt es Möglichkeiten, dem Baby auch in der Anfangsphase die unbequeme Bauchlage spielerisch zu erleichtern.

Alter: ab 3 Monaten
Material: Decke, Nackenrolle; evtl. kleine Spielsachen
Förderschwerpunkte: Grobmotorik, Stärkung der Rückenmuskulatur, Kontaktaufnahme

Das Kind wird mit dem Bauch auf eine große Decke gelegt. Der Erwachsene legt sich dem Kind ebenfalls in Bauchlage gegenüber. Durch eine Nackenrolle unter der Brust kann diese Liegeposition für einen Erwachsenen angenehmer sein.
Zunächst reicht es völlig, wenn das Baby das Gesicht seines Gegenübers in Ruhe betrachten kann.
Weitere mögliche Anreize, die die Aufmerksamkeit des Babys auf sich ziehen:
- Grimassen schneiden,
- kleine Unterhaltungen mit Wörtern, Tönen oder Mundgeräuschen,
- Lieder pfeifen, summen oder singen,
- den Kopf langsam von rechts nach links bewegen – das Baby wird diesen Bewegungen mit seinem Kopf folgen,
- kleine Spielsachen wie Stoffball, Beißring oder Bauklotz anbieten.

Durch die Spielsachen wird das vier Monate alte Baby zu einem schwierigen Balanceakt herausgefordert: Beim Ergreifen der Gegenstände stützt sich das Gewicht von Kopf und Oberkörper kurzzeitig nur auf einen Arm. So mancher Zwerg rollt dabei auf den Rücken zurück. Was für eine Überraschung!

Achtung: Ein müdes Kind sollte in Bauchlage niemals unbeobachtet gelassen werden. Die Bauchlage ist KEINE Schlafposition (vgl. S. 17 „Plötzlicher Kindstod")! Sobald das Kind vom Spielen erschöpft ist, wird es auf den Rücken zurückgedreht. Auch die Seitenlage – mit einer Handtuchrolle im Rücken als Unterstützung – ist möglich.

Hochziehen aus eigener Kraft

Alter: ab 4 Monaten
Material: Decke
Förderschwerpunkte: Grobmotorik, Kopfkontrolle, Lagesinn, Stärkung der Rumpf- und Armmuskulatur

Das Baby liegt in Rückenlage auf einer Decke oder auf dem Schoß des Erwachsenen. Der Erwachsene reicht ihm seine beiden Zeigefinger, damit es diese fest greifen kann. Das Kind versucht sich daran nach oben zu ziehen. Dabei sind seine Arme gebeugt. Anfangs hebt es sicher nur den Kopf. Je älter das Kind ist, umso höher zieht es sich und kommt dadurch fast in die Sitzposition.
Nach wenigen Sekunden legt der Erwachsene das Kind vorsichtig wieder über die Seitenlage ab. Puh, das war anstrengend! Jetzt brauchen alle erstmal eine Pause.

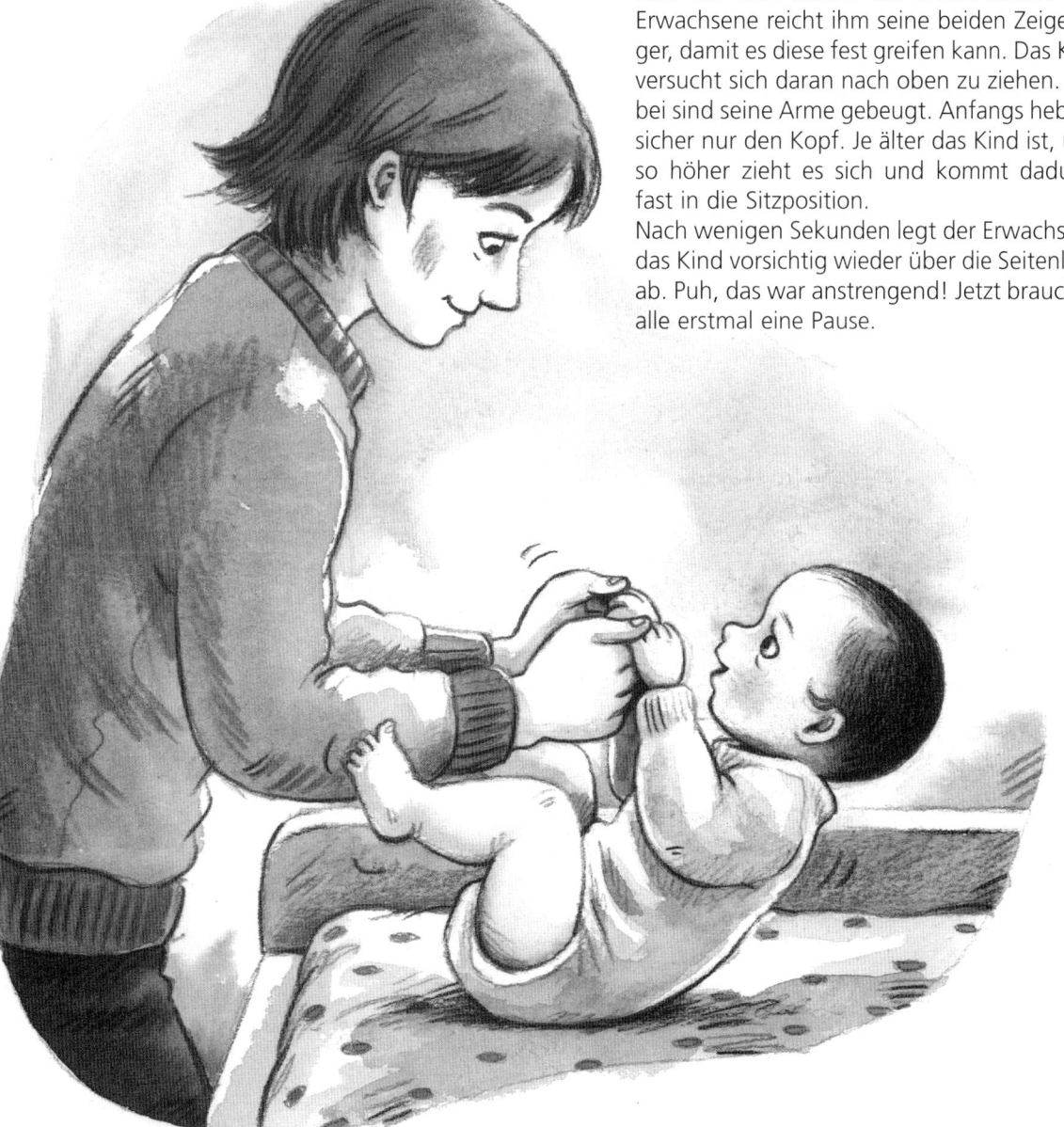

Fehlhaltungen und Störungen des Muskeltonus

Schon in den ersten Lebenswochen können durch aufmerksames Beobachten **Haltungs-fehler** oder **Störungen des Muskeltonus** (= Grundspannung der Muskulatur) ins Auge fallen. Hier ist eine frühe Vorstellung beim Arzt besonders wichtig, um dem Baby die beste medizinische Versorgung zukommen zu lassen.

So spricht man z. B. von einem **„Floppy-infant-Syndrom"**, wenn der Muskeltonus des Kindes zu gering ist. Es zeigt in ausgeprägten Fällen in Rückenlage eine typische Körperhaltung, die sogenannte **„Froschhaltung"** mit einem Abspreizen der Extremitäten bei gebeugten Knie- und Ellbogengelenken. Wird das Baby aus der Rückenlage an den Armen hochgezogen, ist der Schulterarmzug schwach und der Kopf fällt nach hinten: Die **Kopfkontrolle fehlt** (s. Abb. 2). In der Schwebehaltung hängt das Kind schlapp über der Hand des Erwachsenen und kann den Kopf nicht heben (s. Abb. 1).

Das Gegenteil ist der erhöhte Muskeltonus im Sinne einer **Spastik,** der zu einer Fehlkoordination der Haltung und Bewegung führt.

Auch durch die eingeengte Lage im Uterus oder ein Geburtstrauma können Neugeborene **Fehlhaltungen,** z. B. den **Schiefhals,** zeigen. Eine rasche physiotherapeutische Behandlung und Anleitung der Eltern können diese frühen Fehlentwicklungen meist gut auffangen.

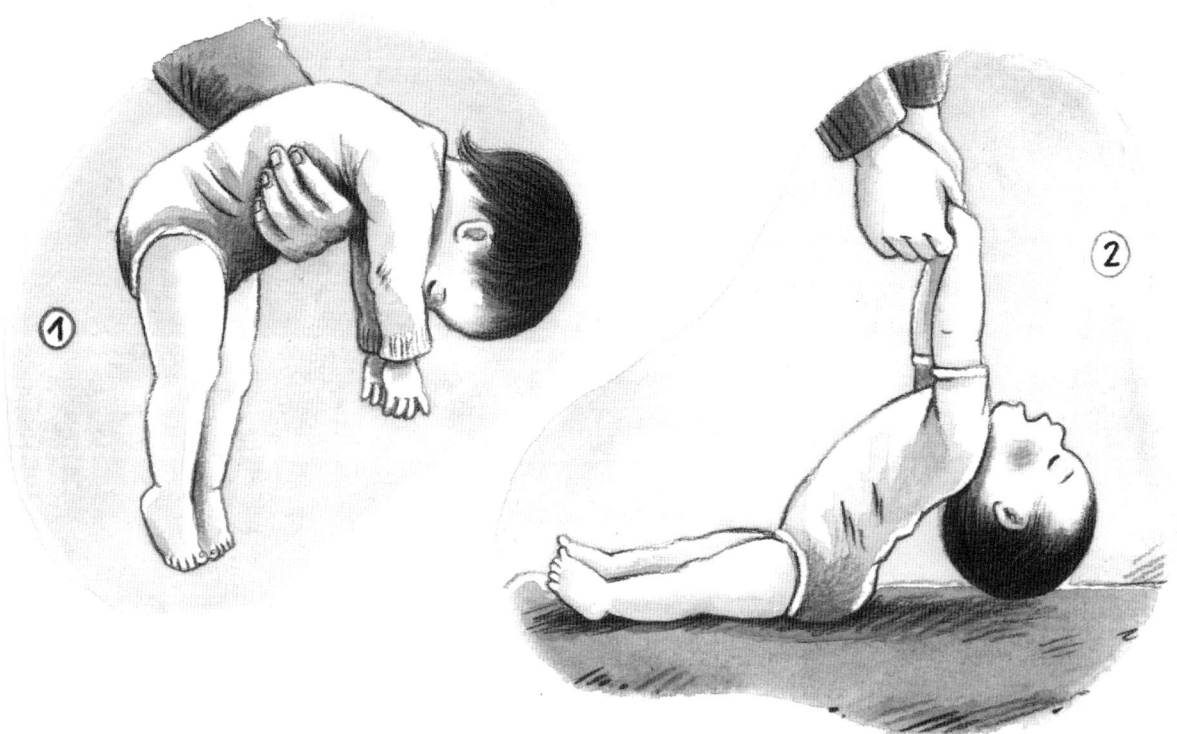

Schaukelspiel

Alle Babys lieben schaukelnde und drehende Bewegungen. Stundenlang können sie dieses Auf und Ab genießen. Langsame, gleichförmige Schaukelbewegungen wirken nicht nur beruhigend auf einen aufgebrachten Säugling, sie regen gleichzeitig den Vestibularapparat, das Gleichgewichtsorgan im Innenohr, an.

Das Baby lernt so auf spielerische Weise seinen Körper in der Balance zu halten. Dies ist nur durch ein perfektes Zusammenspiel von Gleichgewichtsorgan, Muskeln, Nerven und Sehsinn möglich. Lediglich ein Kind, das seinen Gleichgewichtssinn gut trainiert hat, wird es schaffen, zum Sitzen und später auch zum aufrechten Stehen und freien Gehen zu kommen.

Alter: ab 3 Monaten
Material: große Decke
Förderschwerpunkte: Grobmotorik, Gleichgewichtssinn, Tiefensensibilität

Das Schaukelspiel braucht die Zusammenarbeit zweier Erwachsener. Das Baby wird in Rückenlage auf die Decke gelegt: Der eine Erwachsene fasst die beiden Ecken am Kopfende, der dem Baby vertrautere Erwachsene mit Blickkontakt zu ihm hält die Ecken am Fußende.

Die Decke wird langsam angehoben. Wenn sich das Kind an seine schwebende Position gewöhnt hat, schaukeln es die Erwachsenen vorsichtig nach rechts und links. Durch Sprechen oder Singen wird ein angespanntes Baby ruhiger. Je älter und entspannter der Säugling ist, umso wilder wird die Schaukelpartie. Ein schöner Abschluss ist es, das Baby mit Schwung auf ein Bett zu heben und dort mitsamt der Decke abzulegen.

Tipp: Wird die Decke an den beiden Ecken rechts und links vom Kind gefasst, kann es auch vor und zurück schaukeln.

Vom Rücken auf den Bauch

Im ersten Vierteljahr gelingt es einem Baby noch nicht, sich vom Rücken auf den Bauch zu drehen. Dies gelingt i.d.R. ab 6 Monaten. Dennoch kann das Kind mit drei Monaten spielerisch zu dieser Drehung angeregt werden und die Bewegungsabläufe nachahmen. Damit lernt es seinen eigenen Körper besser kennen und die Fähigkeit sich eigenständig zu drehen wird gefördert.

Alter: ab 3 Monaten
Material: Decke
Förderschwerpunkte: Grobmotorik, Drehbewegung, Körperbewusstsein, Koordination

Das Baby liegt in Rückenlage auf einer Decke auf dem Boden. Der Erwachsene umfasst einen Oberschenkel des Kindes und führt diesen langsam über das andere Bein. Das Baby hebt dabei Kopf und Oberkörper von der Unterlage ab und kommt zur Drehung. Anfangs bleibt häufig der Arm, über den der Körper gedreht wird, unter dem Bauch liegen. Oft schafft es das Kind, ihn aus eigener Kraft zu befreien. Durch Stabilisierung des Pos kann dem Baby dabei geholfen werden. Gelingt es ihm nicht, zieht der Erwachsene den Arm vorsichtig heraus.

Tipp: Die Übung sollte immer zu beiden Seiten durchgeführt werden.

Unfallverhütung: Sturz von der Wickelkommode

Je aktiver ein Säugling wird und je mehr motorische Fähigkeiten er sich aneignet, desto aufregender wird die Welt – aber auch umso gefährlicher. Immer wieder werden Säuglinge für einen kurzen Moment allein auf der Wickelkommode liegen gelassen – ein schwerer Fehler! Begründungen wie: „Er/Sie ist noch so klein und bewegt sich kaum." oder: „Er/Sie kann sich ja noch gar nicht drehen!", sind fahrlässig, denn irgendwann wird dieser Moment zum ersten Mal kommen. Da die Entwicklung jedes Babys unterschiedlich verläuft, kann das bei Einzelnen auch deutlich früher sein als erwartet und schon bei der ersten Drehung zum Sturz führen.
Ein Säugling sollte daher **niemals allein auf erhöhten Möbeln** liegen gelassen werden. Der Mensch ist ein Gewohnheitstier, deshalb gewöhnen sich Eltern und ErzieherInnen am Besten von Beginn an das richtige Verhalten an. Ist das Kind erst einmal hinabgefallen, können die Folgen schwerwiegend sein. Es gehört nicht viel dazu, Unfälle dieser Art zu vermeiden.

Rasseln

Rasseln gehören zu den klassischen Spielzeugen für Babys und sind seit Tausenden von Jahren bekannt. Sie fördern das Greifen sowie die Hand-Mund-Koordination. Die Geräusche, die durch die Bewegung der Rassel erzeugt werden, schulen den Hörsinn des Kindes.
Wenn das Greifen noch schwierig ist, machen Rasselsöckchen besonders viel Spaß. Bei jedem Strampeln hört das Baby das Geräusch, das die Rasseln an seinen Füßchen erzeugen. Dadurch wird es animiert, sich fleißig zu bewegen und den ganzen Körper zu trainieren.

Alter: ab 3 Monaten
Material: Decke, Rassel; evtl. Rasselsöckchen
Förderschwerpunkte: auditive Wahrnehmung, gezieltes Greifen

Das Baby liegt in Rückenlage auf seiner Decke. Der Erwachsene setzt sich neben das Kind und schüttelt die Rassel, bis es seine Aufmerksamkeit darauf lenkt.

Er bietet ihm die Rassel an, wobei er sie so hält, dass das Baby die Rassel selbst greifen kann.
Anfangs wird die Rassel noch häufig herabfallen. Wenn der Säugling weiterhin Interesse zeigt, wird die Rassel wieder in Reichweite gehalten.

Variante

Rasselsöckchen, also Söckchen mit integrierter Rassel, werden dem Baby erst gezeigt und damit gerasselt. Dann zieht der Erwachsene dem Kind die Söckchen an und bewegt dessen Füße, sodass das Rasselgeräusch zu hören ist. Der Säugling wird bald den Zusammenhang zwischen Bewegung und Geräusch begreifen und sich daran erfreuen, das Rasseln selbst hervorbringen zu können.

Das Schnabeltier

Text: Stefanie Zysk

Sie sind jedem bekannt: die klassischen Hand-spiele, die sich meist in Reimform und einer typischen Sprachmelodie präsentieren. Wie ein kleines Theaterstück laufen sie vor den Augen des Kindes ab. Das Baby fixiert dabei konzentriert die Finger oder das Gesicht sei-nes Gegenübers und lernt den Bewegungen mit den Augen zu folgen. Die wiederkehren-de Sprachmelodie ist für das Kind sehr an-sprechend, die Hör- und Merkfähigkeit wird geschult.

Meist hebt der Erwachsene seine Stimmlage ein wenig und betont Mimik und Gefühle. Damit passt er sich den Bedürfnissen des Ba-bys an und weckt seine Aufmerksamkeit. Gleichzeitig lernt der Säugling bestimmte Worte und Handlungen miteinander zu ver-binden, was entscheidend zum Sprachver-ständnis und Spracherwerb beiträgt. Durch Berührungen werden zwischenmenschliche Kontakte gefördert. Das Kind wird mit zuneh-mendem Alter versuchen, die Finger des Er-wachsenen zu ergreifen oder das Spiel nach-zusprechen und nachzuahmen. So entdeckt es seine eigene Sprechstimme und schult Tastsinn und Feinmotorik.

Hand- und Körperspiele enden meistens mit einer lustigen Pointe, fördern bei Kindern aller Altersgruppen den Humor und verführen zu gemeinsamem Lachen.

Alter: ab 3 Monaten
Material: Spieldecke oder Wippe
Förderschwerpunkte: Spracherwerb, visuelle und auditive Wahrnehmung, Sensibilität

Da kommt ein kleines Schnabeltier,	*Hand zu Schnabel formen, öffnen und schließen*
Beine hat es, und zwar vier,	*vier Finger einer Hand zeigen*
krabbelt erst mal auf dem Bauch,	*über den Bauch krabbeln*
hüpft dann auf den Armen auch,	*auf den Armen hüpfen*
kitzelt an den Füßen,	*Füße kitzeln*
will die Nase grüßen,	*die Nasenspitze anstupsen*
an den Ohren kuscheln,	*die Ohren streicheln*
durch die Haare wuscheln	*durch die Haare wuscheln*
und plötzlich ist es weg:	*Schnabelhand verschwindet in anderer Faust*
im Schnabeltier-Versteck!	*und schaut mit der Spitze heraus*

Das Baby liegt auf einer Spieldecke, sodass es die Finger und das Gesicht des Erwachsenen gut sehen kann.

Passend zum Text bewegt der Erwachsene sei-ne Finger oder zeigt auf die verschiedenen Körperteile. Die Sprachmelodie ist für das Kind von besonderer Bedeutung. Die Reime sollten daher durch eindrückliche Betonun-gen und Gesichtsausdrücke unterstrichen werden.

Tipps:
• Falls eine Wippe verwendet wird, ist auf ei-ne flache Liegeposition zu achten. Im Alter von drei bis vier Monaten kann ein Baby noch nicht sitzen, da die Rückenmuskula-tur nicht genügend ausgebildet ist.
• Fingerspiele bleiben auch für ältere Kinder interessant, wenn sie die entsprechenden Bewegungen selbst durchführen und die Reime auswendig nachsprechen können.

Wer strampelt da?

Text: Stefanie Zysk

Alter: ab 3 Monaten
Material: Spieldecke
Förderschwerpunkte: Spracherwerb, visuelle und auditive Wahrnehmung, Sensibilität

Wer strampelt da, wer strampelt da?	*Beine auf und ab bewegen*
Wer wackelt mit dem Fuß?	*Füße locker schütteln*
Wen kratzt es an den Zehen?	*vorsichtig an den Zehen kratzen*
Wen kann ich denn da sehen?	*zum Gesicht vorbeugen*
Wer rudert da, wer rudert da?	*Arme auf und ab bewegen*
Wer schüttelt seine Hand?	*Hände locker schütteln*
Wen kitzelt's an den Fingerlein?	*Handflächen und Finger kitzeln*
Das muss die/der kleine … sein.	*zum Gesicht vorbeugen*
Wer dreht sich da? Wer dreht sich da?	*an den Oberarmen halten, langsam drehen*
Wen zupft es auf dem Schopf?	*durch die Haare wuscheln*
Das ist mein kleiner Schatz,	*zum Gesicht vorbeugen*
ich küss dich: schmatz, schmatz, schmatz.	*auf den Bauch küssen*

Das Baby liegt mit dem Rücken auf der Spieldecke, der Erwachsene kniet zu seinen Füßen.
Entsprechend dem Text werden die verschiedenen Körperteile des Kindes bewegt.

Weil ich dich so gerne mag

Text: Stefanie Zysk

Alter: ab 3 Monaten
Material: Spieldecke oder Wippe
Förderschwerpunkte: Spracherwerb, visuelle und auditive Wahrnehmung, Sensibilität

Deine Nase, die ist fein,	*über die Nase streichen*
willst du sie mir schenken?	
Nein, nein, nein, das willst du nicht,	*mit Zeigefinger verneinen*
ich kann es mir schon denken.	
Doch Nase an Nase darf ich machen,	*Nase an Nase reiben*
denn dann gibt es was zu lachen.	
Deine Augen, die sind fein,	*um die Augen herumstreichen*
willst du sie mir schenken?	
Nein, nein, nein, das willst du nicht,	*mit Zeigefinger verneinen*
ich kann es mir schon denken.	
Doch Wimpern klimpern darf ich machen,	*die eigenen Augenlider schnell öffnen und*
denn dann gibt es was zu lachen.	*schließen*

Deine Ohren, die sind fein, willst du sie mir schenken?	*über die Ohren streichen*
Nein, nein, nein, das willst du nicht, ich kann es mir schon denken.	*mit Zeigefinger verneinen*
Doch Ohren rubbeln darf ich machen, denn dann gibt es was zu lachen.	*Ohrläppchen rubbeln*
Und dein Mund ist auch so fein, willst du ihn mir schenken?	*über die Lippen streichen*
Nein, nein, nein, das willst du nicht, ich kann es mir schon denken.	*mit Zeigefinger verneinen*
Nur schnell ein Küsschen für den Tag, weil ich dich so gerne mag.	*küssen*

Das Baby liegt neben dem Erwachsenen mit dem Rücken auf der Spieldecke oder auf seinem Schoß. Passend zum Text berührt der Erwachsene das Gesicht des Kindes.

Kuckuck – da!

Jeder kennt es: das Versteckspiel, das von den Worten „Kuckuck – da!" begleitet wird. Kehrt das Gesicht der Bezugsperson zurück, ist die Erleichterung beim Baby groß. Warum? Erst zwischen dem 6. und 8. Lebensmonat versteht ein Säugling, dass Personen oder Gegenstände, die gerade nicht zu sehen oder zu hören sind, nicht vom Erdboden verschwinden. Dies wird als „Objektpermanenz" bezeichnet.
Mit diesem einfachen Spiel lernt ein Baby darauf zu vertrauen, dass die Bezugsperson stets nach kurzer Zeit zurückkommt und das Wiedersehen ist jedes Mal eine große Freude!

Alter: ab 3 Monaten
Material: Kissen, Tuch
Förderschwerpunkte: visuelle Wahrnehmung, Vertrauensaufbau

Das Baby liegt auf einer Spieldecke. Der Erwachsene versteckt sein Gesicht hinter den Händen und ruft: „Kuckuck". Mit dem Wort „da" und einem freudigen Gesichtsausdruck gibt er den Blick auf das Kind wieder frei.

Zur Abwechslung ist auch ein Kissen oder Tuch geeignet, um sich dahinter zu verstecken. Durch vorsichtiges, seitliches Vorbeispähen kann die Spannung im Spielverlauf gesteigert werden.
Tipp: Am Anfang sollten die Phasen des Versteckens nur kurz sein, im Laufe der Zeit können diese nach Belieben verlängert werden.

Spiegelbild, Spiegelbild

Text: Stefanie Zysk
Musik: Karin Kindermann

Schon kleine Babys lieben es, sich im Spiegel zu betrachten und erfreuen sich auch gern an Mamas oder Papas Spiegelbild. Jedoch erst im Alter von 18 Monaten bis zwei Jahren ist ein Kind fähig, sich selbst zu erkennen und als eigenständige Person wahrzunehmen.

Dennoch wird auch ein Baby an seinem Spiegelbild sehr viel Spaß haben, das Abbild aufmerksam betrachten und sich an den ver-

schiedenen Gesichtsausdrücken seines Gegenübers erfreuen. Das Spiegelbild wird betastet und wahrscheinlich sogar abgeleckt. Die Wahrnehmung des Babys wird zusätzlich unterstützt, wenn der Erwachsene Körperteile berührt und gleichzeitig benennt. So lernt das Kind im Laufe der Monate den eigenen Körper besser kennen.

Refrain:
Spiegelbild, Spiegelbild,
das bin ich und das bist du.   *erst sich selbst, dann das Baby antippen*
Spiegelbild, Spiegelbild,
ich seh' dich, schau du mir zu.   *erst auf sich, dann auf das Baby zeigen*

1. Ich zeig' dir mein Gesicht,   *eigenes Gesicht umkreisen*
kennst du meine Nase nicht?   *eigene Nase zeigen*
Schau mich an, schau dich an,
jetzt ist deine Nase dran.   *Nase des Babys berühren*

Refrain: Spiegelbild, Spiegelbild …

2. Ich zeig' dir mein Gesicht,
kennst du meine Ohren nicht?
Schau mich an, schau dich an,
jetzt sind deine Ohren dran.

eigenes Gesicht umkreisen
eigene Ohren zeigen

Ohren des Babys zeigen

Refrain: Spiegelbild, Spiegelbild …

Alter: ab 3 Monaten
Material: Decke, Hand- oder Garderoben-spiegel
Förderschwerpunkte: visuelle Wahrneh-mung, Musikempfinden, Spracherwerb

Das Baby bekommt einen stabilen Handspie-gel und der Erwachsene legt sich mit ihm ge-meinsam auf die Decke. Im Handspiegel sind beide Abbilder zu sehen.
Das Kind braucht anfangs Zeit, um sich allein mit seinem Spiegelbild zu beschäftigen. Gri-massen bringen besonders viel Spaß ins Spiel. Später berührt und benennt der Erwachsene passend zum Lied die verschiedenen Körper-teile.

Variante
Der Erwachsene stellt sich mit dem Baby im Ein-Bein-Trage-Griff (s. S. 38) vor einen großen Garderobenspiegel.

Tipps:
• Die Liedstrophen können beliebig weiter-geführt werden, z.B. für Augen, Lippen, Wangen, Kinn etc.
• Es gibt einen Trick, um im Lauf der nächs-ten Monate herauszufinden, ob sich das Kind bereits selbst im Spiegel erkennt (i. d. R. Ende des 2. Lebensjahres): Mit wei-ßer Creme wird unbemerkt ein Punkt auf die Stirn des Kindes gemalt. Wenn es beim Anblick seines Spiegelbildes versucht, den Punkt abzuwischen, hat es sich selbst er-kannt.

Ein-Bein-Tragegriff

Ab der 12. Lebenswoche kann das Baby im Ein-Bein-Tragegriff gehalten werden. Dazu wird es mit seinem Rücken vor der Brust des Erwachsenen gehalten. Die rechte Hand greift schräg über den Bauch des Kindes zu seinem linken Oberschenkel. Durch Beugung des Hüft- und Kniegelenks ist die Haltung des Babys stabil. Die Seite sollte regelmäßig gewechselt werden.

Achtung: Das ist auffällig!

Das Baby im Alter von drei bis fünf Monaten sollte einem Arzt vorgestellt werden, wenn

- seine Hände immer noch ständig zu einer Faust geballt und nicht die meiste Zeit locker geöffnet sind,
- es seine Hände nicht betrachtet,
- suchende Kopfbewegungen in Richtung einer Tonquelle fehlen und sich das Baby bei plötzlichem Lärm nicht erschrickt,
- im Alter von 4 Monaten beim Hochziehen an den Händen aus der Rückenlage der Kopf nach hinten kippt,
- sich eine Hand oder ein Gegenstand den Augen nähert und diese nicht reflexartig geschlossen werden,
- mit 4 Monaten der Kopf in Bauchlage nicht mind. 1 Min. hochgehalten werden kann,
- es sich mit 4 Monaten nicht auf seine Unterarme stützt,
- es sich asymmetrisch, also schief hält und einseitige Bewegungen macht,
- es bei Ansprache nie lacht,
- es aufhört, Lautäußerungen zu bilden.

ACHTUNG, FERTIG, DREHEN

Das Baby im 2. Lebenshalbjahr

U5
6.–7.
Monat

Ein halbes Jahr ist bereits vergangen und die nächsten Wochen versprechen eine besonders aufregende Zeit zu werden. Das Baby wird bald nicht mehr die Welt vom Schoß der Mutter oder des Vaters aus betrachten, sondern das erste Mal seiner eigenen Wege robben oder kriechen.

Aus ungezielten Silbenverdoppelungen entsteht das erste Mal ein „Mama" oder „Papa", wenn auch noch völlig ungezielt. Vielleicht ist eines Morgens auch schon der erste Zahn da. Und inzwischen macht Milch allein nicht mehr satt. Die ersten Breimahlzeiten werden probiert und vielleicht anfangs auch wieder ausgespuckt. Aber dennoch – mit der Beikost be-

ginnt die Ablösung von der Mutter und damit ein Schritt in die Eigenständigkeit.

Auch für viele Eltern fängt im zweiten Lebenshalbjahr ein neuer Abschnitt an: Berufstätigkeit mit Kind. Damit sich Eltern ohne schlechtes Gewissen auf ihre Arbeit konzentrieren können, sollte sich das Baby in der fremden Umgebung und mit den neuen Betreuungspersonen wohlfühlen. Für die Eingewöhnung muss deshalb unbedingt genügend Zeit eingeräumt werden, z. B. 4 Wochen. So kann sich das Kind in aller Ruhe an ErzieherInnen oder Tageseltern, andere Kinder und die unbekannten Räumlichkeiten gewöhnen.

Die ersten Tage beobachtet das Baby vom Schoß eines Elternteils aufmerksam das Treiben um sich herum. Nach einigen Tagen wird es sich schon mutiger im Raum bewegen, ohne Mutter oder Vater aus den Augen zu lassen. Wenn sich das Kind im Spiel kaum noch nach Mutter oder Vater umsieht und sich der neuen Bezugsperson offen und vertrauensvoll zuwendet, kann es in seiner neuen Umgebung allein gelassen werden – anfangs nur kurz, nach und nach immer länger. Einrichtungen sollten dazu eine individuell an das Kind angepasste Eingewöhnungszeit bieten und die Eltern je nach Bedarf mit Gesprächen begleiten und ihre Erfahrungen und Empfehlungen unterstützend einbringen.

Schau, was ich schon alles kann!

Mit einem halben Jahr interessiert sich ein Baby zunehmend für seine Umgebung und besitzt immer mehr Fähigkeiten, um diese eigenständiger zu erkunden.

Im Alter von 6 Monaten beginnen die Kinder, sich aus der Rücken- in die Bauchlage zu drehen und beherrschen ab dem 8. Monat die **Drehungen** über beide Seiten.

Auf dem **Bauch liegend stützt** sich das Baby **auf die gestreckten Arme** und kann so den Oberkörper gut heben. Dies ermöglicht es ihm, nach vorne zu greifen und Gegenstände zu sich zu holen. Aus der Bauchlage heraus zeigt es **erste Fortbewegungsarten** wie Rutschen, Rollen, Robben oder Schieben. Zwischen dem 8. und 10. Lebensmonat lernen die meisten Kinder das klassische Krabbeln. Dafür wippen sie anfangs im Vierfüßlerstand nach vorn und hinten, bis sie den richtigen Dreh heraushaben, um Arme und Beine jeweils entgegengesetzt nach vorn zu bringen. Gerne lässt sich das Kind an den Armen aus der Rückenlage zum Sitzen hochziehen. Mittlerweile hat es eine sehr gute Kopf-, aber noch eine unzureichende Rumpfkontrolle. Sitzend gehalten zeigt sich mit 6 Monaten noch eine Rundrückenhaltung. Doch in den nächsten Wochen schiebt sich das Baby über die Seite oder den Vierfüßlerstand **selbstständig in den Sitz** und wird Ende des 8. Monats frei und mit aufrechtem Rücken sitzen können. Im sicheren Sitz dreht das Kind sich bald um seine eigene Achse und erreicht so auch weiter entfernte Gegenstände.

Ab dem 6. Lebensmonat geht die typische Beugehaltung der Arme und Beine zunehmend verloren. Das Baby zeigt jetzt immer häufiger eine Streckung der Extremitäten. Wird es von einem Erwachsenen stehend gehalten, sind die Beine kräftig genug, um stetig immer mehr **Körpergewicht selbst zu tragen.** Ende des 9. Monats startet das Kind die ersten Versuche sich auch an Möbeln hochzuziehen und kommt so **kurzzeitig zum Stehen.** Nun erblickt es die Welt aus einem völlig neuen Blickwinkel.

Gegen Ende des 1. Lebensjahres macht es an Möbeln entlang **die ersten vorsichtigen Schritte zur Seite** und bewegt sich gerne im Rhythmus zur Musik. Das freie Stehen ist mit 12 Monaten noch nicht möglich. Bei diesen Versuchen fällt es rückwärts in die Sitzposition. Mit 6 Monaten greift das Baby zwar sicher, aber noch mit der ganzen Hand. Im Alter von 9 Monaten zeigt es den deutlich präziseren **Pinzettengriff** (s. S. 41). Dabei wird der gestreckte Zeigefinger in Opposition zum Daumen gebracht. Mit dem **Zangengriff** (Greifen mit Daumen und gebeugtem Zeigefinger, s. S. 41) können mit 11 Monaten dann auch kleinste Gegenstände aufgehoben werden.

Die Auge-Hand-Koordination ist inzwischen deutlich besser entwickelt. Im Alter von 8 Monaten kann ein Baby Spielzeug auch wieder gezielt loslassen. Gegenstände können **von einer Hand in die andere** gegeben werden. Gerne beschäftigt es sich auch mit seinen Füßen und kann problemlos die Zehen in den Mund stecken.

Mit etwa 6 Monaten wird aus dem Säugling ein „Löffeling": Nach monatelangem Milchgenuss beginnt jetzt das **Zufüttern der Beikost.** Die Kaubewegungen müssen noch gelernt werden und der erste Brei hat für das Kind einen ungewohnten Geschmack. Oft wird die neue Nahrung mit der Zunge wieder herausgeschoben. Doch nach wenigen Wochen hat das Baby bereits Vorlieben für bestimmte Gemüse- und Obstsorten entwickelt und die Milchmahlzeiten werden weniger.

Die Sprache des Kindes ist sehr variantenreich. Es erzählt gerne, indem es **Silbenketten** wie **„dadada"** aneinanderreiht und imitiert dabei die Sprachmelodie der Erwachsenen. **Ungezielt** ist manchmal schon ein **„Mama"** oder **„Papa"** zu hören.

PINZETTENGRIFF

ZANGENGRIFF

Spielerische Förderangebote

Wenn ein Schoßkind zum Krabbelkind wird, verändern sich durch die neu gewonnene Mobilität auch die Spielmöglichkeiten, die dem Kind angeboten werden können. Das Trainieren des Gleichgewichtssinns, z.B. durch Kniereiter und Krabbelvorbereitungen auf dem Wasserball, macht dem Baby Spaß und vermittelt neue Fertigkeiten. Egal ob robben oder rollen, Kniehopser oder heftige Schwimmbewegungen – jedes Kind hat seine eigene Fortbewegungsart. Endlich kann sich das Baby dem begehrten Gegenstand nähern, ohne auf die Hilfe eines Erwachsenen angewiesen zu sein. Jetzt werden vor allem Spiele für Körperkoordination und Sensomotorik interessant.

Sobald ein Baby selbstständig sitzen kann, hat es endlich beide Hände frei, um sich ausgiebig mit Gegenständen zu beschäftigen. Spiele für die Grob- und Feinmotorik sind daher ein besonderer Anreiz. Sie unterstützen das Kind in seiner Fingerfertigkeit und fördern gleichzeitig Konzentration und Ausdauer.

Der Hops-Frosch

Text: Stefanie Zysk

Ein Frosch hopst gern am Teich entlang,
hops, hops, hops. *(langsam)*
Da kommt ein Storch, es wird ihm bang,
hops, hops, hops. *(schnell)*

Ein Hase hoppelt übers Feld,
hoppel, hoppel, hoppel. *(langsam)*
Hüpft schneller, weil es ihm gefällt:
hoppel, hoppel, hoppel. *(schnell)*

Ein Pferd springt über einen Zaun,
Galopp, Galopp, Galopp. *(langsam)*
Da geht's bergab, man glaubt es kaum,
Galopp, Galopp, Galopp. *(schnell)*

Die/der … hüpft auf meinem Schoß,
hüpf, hüpf, hüpf, *(langsam)*.
Will immer schneller, jetzt geht's los:
hüpf, hüpf – plumps!
*(schnell hopsen, Baby vom Schoß zur Seite
oder nach unten kippen lassen und auffangen)*

*Kniereiter gehören zu den Klassikern beim
Spiel mit kleinen Kindern. „Hoppe, hoppe,
Reiter" ist wohl der Kniereiter schlechthin und
inzwischen über 150 Jahre alt. Dennoch wird
er auch von den Kindern in heutiger Zeit ge-
liebt. Aber warum ist das so? Wie schon beim
Fingerspiel sind Reim und Sprachmelodie für
das Kind besonders attraktiv. Hinzu kommt
der passende Hops-Rhythmus auf dem Schoß.
Die Sprache wird so zu einem Erlebnis für den
ganzen Körper. Am Ende folgt als Höhepunkt
eine aufregende Überraschung: Der Reiter
wird abgeworfen.*

Alter: ab 6 Monaten
Förderschwerpunkte: Körpererfahrung,
Rhythmusgefühl, Spracherwerb, Körperspan-
nung

Das Baby sitzt auf dem Schoß, sein Gesicht ist
dem Erwachsenen zugewendet. Der Schalengriff (s. S. 15) ist in diesem Fall am besten geeignet. Nun kann der Kniereiter beginnen. Im
Alter von 5 Monaten ist die Kopfkontrolle
vollständig ausgereift, d. h. das Köpfchen kippt
beim Hopsen nicht weg. Beim Zurückkippen
des Kindes sollte allerdings die Nackenmuskulatur nicht überfordert werden. Eine stützen-
de Hand am Hinterkopf hält das Kind bei der
Bewegung nach unten und lässt es mit
Schwung wieder nach oben kommen. Was
für ein Spaß!
Tipp: Natürlich kann mit einem Baby auch
schon vor dem Alter von 6 Monaten ein Kniereiter gemacht werden. Dann sollte dieser ins-
gesamt langsamer und vorsichtiger umge-
setzt werden als bei älteren Babys und der
Kopf wird unterstützend gehalten. Das
Zurückkippen am Ende des Kniereiters sollte
nur angedeutet werden, dann haben auch die
Kleinen ihre Freude an diesem Spiel.

Mein Pony

Text: Stefanie Zysk

Mein Pony, das macht trab, trab, trab,
da geht es schnell bergauf, bergab.
Baby auf dem Schoß traben lassen

Um eine Kurve läuft's geschwind,
halt dich fest, mein liebes Kind!
Baby nach rechts und links lehnen

Übers Feld rennt's im Galopp,
immer schneller, hopp, hopp, hopp.
Baby galoppieren lassen

Mein Pony springt und bremst, herrje,
der Reiter fällt – und liegt im Klee!
*Baby rückwärts oder seitwärts kippen lassen
und halten*

*Ein Baby trainiert sein Körpergefühl während
eines Kniereiters auf spielerische Weise. Es
muss den Kopf stabil halten und seine Körperhaltung den unterschiedlichen Stellungen*

anpassen. Natürlich wird der Gleichgewichtssinn gefordert und gefördert – ganz besonders, wenn der Reiter am Ende in den Graben fällt und das Kind plötzlich nach hinten oder seitwärts gekippt wird. Das macht Spaß und ist ein aufregender Nervenkitzel. Außerdem lernt das Kind in dieser ungewöhnlichen Stellung noch etwas Wichtiges, nämlich Vertrauen zu haben.

Kniereiter bleiben das ganze Kleinkindalter hindurch beliebt und es wird am Ende nur einen Wunsch geben: „Noch mal!"

Alter: ab 6 Monaten
Förderschwerpunkte: Körpererfahrung, Rhythmusgefühl, Spracherwerb, Körperspannung

Entsprechend dem Text reitet das Baby im Rhythmus auf dem Schoß des Erwachsenen. Je nach Kopfkontrolle muss der Kopf des Kindes am Ende des Kniereiters unterstützend gehalten werden (s. S. 42)

Balanceakt auf dem Wasserball

Eine gute Übung, um neue Reflexe herauszubilden: Wird das Baby mit dem Bauch auf dem Wasserball weit nach vorn bewegt, streckt es reflektorisch die Hände nach vorn aus, um sich abzustützen. Diese „Sprungbereitschaft" oder „Fallschirmreaktion" entwickelt sich ab dem 5. Lebensmonat und ist eine wichtige Voraussetzung für das Krabbeln.

Alter: ab 6 Monaten
Material: Wasserball
Förderschwerpunkte: Körpererfahrung, Gleichgewichtssinn, Tiefensensibilität

Das Baby liegt bäuchlings auf dem Wasserball und wird vom Erwachsenen von hinten im Schalengriff (s. S. 15) gehalten. Es wird langsam vor und zurück bewegt, am Anfang nur wenig, später immer weiter.
Es folgt die Bewegung nach rechts und links. Im Verlauf des Spiels kann das Tempo gesteigert werden.

Achtmonatsangst: ein wichtiger Entwicklungsschritt

Die „Achtmonatsangst" wird im allgemeinen Sprachgebrauch gerne als „Fremdeln" bezeichnet. Sie ist typisch für dieses Alter und stellt einen wichtigen Schritt in der sozialen Entwicklung des Babys dar. Natürlich konnte das Kind schon vorher vertraute Menschen an Gesicht, Stimme oder Geruch erkennen und genau von Fremden unterscheiden. Im Alter von 6 bis 7 Monaten reagiert es auf Unbekanntes jedoch ausgeprägter mit Skepsis oder Angst. Es **versteckt sich** hinter der Mutter oder dem Vater, **vermeidet den direkten Blickkontakt** und **schreit** lauthals, wenn **eine fremde Person zu nahe** kommt.

Andererseits beginnt ein Baby in diesem Alter selbstständiger zu werden und will seine Umwelt erforschen. Das Fremdeln und der Entdeckerdrang stehen also in ständigem Widerspruch zueinander und führen kleine Welteroberer häufig weinend in Mamas oder Papas Arme zurück. Umso wichtiger ist jetzt der **innige Kontakt zur Mutter, zum Vater oder anderen vertrauten Personen,** die Sicherheit und Kraft für aufregende Entdeckungen geben.

Falls das Baby gerade in dieser Phase **neu in die Krippe bzw. zu Tageseltern** kommt, gestaltet sich die Eingewöhnung manchmal etwas schwieriger. Es braucht mehr Zeit, damit Fremdes vertraut wird. Das Baby will **ernst genommen** werden und Sätze wie: „Sonst ist sie/er nicht so" helfen in dieser Situation nicht weiter, sondern beschämen das Kind vielmehr. Das Fremdeln ist kein Rückschritt, sondern ein Fortschritt, bei dem das Kind Hilfe und Unterstützung braucht.

Ball an der Schnur

Alter: ab 6 Monaten
Material: Wasserball, Schnur, Decke
Förderschwerpunkte: Sensomotorik, Körperkoordination

Die Schnur wird am Wasserball-Ventil befestigt.
Das Baby liegt in Rückenlage auf einer Decke auf dem Boden. Der Erwachsene hält den Ball an der Schnur über das Kind.
Dieses greift nach dem Ball und versucht ihn mit Händen und Füßen zu halten. Es tritt gegen den Ball und freut sich, wenn dieser wild hin und her schaukelt.
Achtung: Nach dem Spiel muss die Schnur sofort vom Ball entfernt werden, damit sich das Baby die Schnur nicht versehentlich um den Hals wickeln kann.

Wer will mit mir fliegen?

Bei diesem Spiel lernt das Kind seinen Kopf und Körper in verschiedenen Stellungen auszubalancieren. Dabei wird der Gleichgewichtssinn trainiert: eine wichtige Voraussetzung, um erst Krabbeln und später Sitzen und Laufen zu lernen.

Alter: ab 6 Monaten
Förderschwerpunkte: Grobmotorik, Gleichgewichtssinn, Tiefensensibilität

Der Erwachsene legt sich auf den Rücken und streckt die Beine rechtwinklig nach oben. Das Baby wird bäuchlings auf seine Unterschenkel gelegt und der Erwachsene hält die vorgestreckten Arme des Kindes fest.
Jetzt kann der Flug beginnen, indem der Erwachsene seine Beine vor und zurück sowie zu den beiden Seiten bewegt. Passende Fluggeräusche unterstreichen das Spiel und bringen noch mehr Spaß.

Rutschbahn

Alter: ab 6 Monaten
Förderschwerpunkte: Grobmotorik, Gleichgewichtssinn, Sensomotorik

Der Erwachsene setzt sich auf einen Stuhl,
streckt die Beine gerade nach vorn und bildet
so eine Rutschbahn. Das Baby wird auf den
Schoß genommen und mit dem Schalengriff
(s.S. 15) gehalten. Die Blickrichtung des Kindes ist vom Erwachsenen abgewandt.
Der Erwachsene lässt das Baby langsam an
seinen Beinen hinabgleiten.
Alternativ kann das Kind auch bäuchlings hi-
nunterrutschen.
Sobald es krabbeln kann, wird es die Rutschbahn selbst erklimmen, um erneut zu rutschen.

Was raschelt da?

Alter: ab 6 Monaten
Material: Zeitungspapier, Butterbrotpapier
oder alte Kataloge
Förderschwerpunkte: Feinmotorik, Geschicklichkeit, Materialerfahrung

Vor das Baby wird Zeitungs- oder Butterbrot-
papier gelegt. Es untersucht das Papier:
• Es zerknüllt das Papier.
• Es zerreißt das Papier in kleine Schnipsel.
  Wie klingt das?
• Es versucht, die Schnipsel wieder vom Boden aufzuheben – keine leichte Aufgabe
  für ein Kind von einem halben Jahr.
• Der Erwachsene knüllt Papierkugeln und
  rollt sie über den Boden zum Baby. Es wird
  ihm gefallen, die kleinen Papierbälle immer
  wieder durch das Zimmer zu werfen.
• Zum Abschluss dreht der Erwachsene das
  Kind auf den Rücken und lässt die Schnipsel wie Schneeflocken leise auf seinen Körper rieseln.

> ## Gefahr durch verschluckbare Kleinteile und Steckdosen
> Die zunehmende Mobilität und die spannenden Ausflüge des Babys bringen neue Gefahren mit sich. Nichts ist vor der **kindlichen Neugier** sicher. Alles, was auf dem Boden liegt, wird genauestens untersucht und **mit dem Mund erforscht.** Herumliegende **verschluckbare Kleinteile** bergen jetzt ein großes Risiko. Von besonderem Interesse sind auch offene **Steckdosen,** die unbedingt mit einer **Kindersicherung** versehen werden sollten.

Die Kitzel-Biene

Text: Stefanie Zysk

Kommt eine Biene,
summt wild umher,
mal oben, mal unten,
mal hin und mal her.

Sie landet auf dem Kopf
und kriecht schnell in dein Ohr,
schaut sich dort kurz um
und kommt wieder hervor.

Sie surrt um deine Nase
und stupst dich in den Po,
krabbelt dir am Hals entlang,
das kitzelt – hohoho!

Schmusezeiten sind auch in diesem Alter sehr wichtig. Körperliche Nähe und liebevolle Streicheleinheiten fördern die Körperwahrnehmung des Babys und stärken sein Selbstbewusstsein. Ein besonderes Vergnügen bereitet das Kuscheln, wenn es mit einem Kitzelspiel verbunden wird. Das Lachen des Babys ist so ansteckend, dass auch der Erwachsene es wieder und wieder genießen wird.

Alter: ab 6 Monaten
Förderschwerpunkte: Sensibilität, Bindung Bezugsperson – Kind, Spracherwerb

Das Kind sitzt auf dem Schoß. Passend zu den Versen bewegt sich der Zeigefinger des Erwachsenen über den Körper des Kindes, bis am Ende fest gekuschelt und gekitzelt wird.

Meine fünf Finger

Text: Stefanie Zysk

Das ist der dicke, starke Mann,
das ist der Dünne, der zeigen kann,
das ist der Lange in der Mitte drin,
das ist der Schöne, trägt oft den Ring,
und das ist der kleine Wichtelmann,
den man einfach nur lieb haben kann.

Babys spielen gern mit ihren Fingern, betrachten sie und lutschen an ihnen. Erzählt ein Fingerspiel eine passende Geschichte, bereitet ihnen dies eine ganz besondere Freude.

Alter: ab 6 Monaten
Förderschwerpunkte: Spracherwerb, Feinmotorik

Der Erwachsene setzt sich dem Kind gegenüber und streckt seine geschlossene Hand vor sich nach oben. Passend zum Text des Fingerverses werden nacheinander die Finger vom Daumen bis zum kleinen Finger ausgestreckt und mit dem Zeigefinger der anderen Hand angestupst.
Am Ende des Verses wird das Kind fest gedrückt.

Variante

Nacheinander werden die Finger des Kindes mithilfe des Erwachsenen ausgestreckt und berührt.

Um beide Hirnhälften zu stimulieren, empfiehlt es sich, den Fingervers auch an der anderen Hand zu wiederholen.

Auf der schiefen Bahn

Alter: ab 8 Monaten
Material: Brett, kleiner Ball (z. B. Tischtennisball, Flummi) oder Auto
Förderschwerpunkte: Auge-Hand-Koordination, Geschicklichkeit

Der Erwachsene lehnt ein Brett z. B. schräg an eine Spielkiste. Das Baby wird bäuchlings an das Ende des Bretts gelegt oder – falls es das schon kann – daneben gesetzt.
Der Erwachsene lässt den Ball oder das Auto das Brett hinunterrollen. Das Baby wird interessiert hinterherblicken und versuchen es zu ergreifen. Das erfordert Geschicklichkeit und auch nach zahlreichen Wiederholungen wird dieses Spiel noch begeistern. Sobald das Kind krabbeln kann, wird es dem Spielzeug selbst nacheilen.

Klangspiel

Durch Musik wird unser Gehirn leistungsfähiger. Einem Instrument eine Melodie zu entlocken ist eine feinmotorische Höchstleistung. Aber auch das Konzentrationsvermögen und die Kreativität werden gefördert.
Bei diesem Klangspiel werden Babys an erste Geräusche und Klänge herangeführt, die sie schon selbstständig erzeugen können.

Alter: ab 8 Monaten
Material: Kleiderbügel, Schnur, große und kleine Löffel, Glöckchen
Förderschwerpunkte: Auge-Hand-Koordination, auditive Wahrnehmung, Freude an Klängen

Der Erwachsene befestigt an einem Kleiderbügel mit einer Schnur verschiedene metallene Gegenstände, z. B. große und kleine Löffel und Glöckchen.
Das Klangspiel wird in Reichweite über dem Baby aufgehängt. Es bekommt einen Löffel in die Hand, mit dem es das Spiel zum Klingen bringt. Was anfangs noch zaghaft beginnt, wird bald zu einer lauten und fröhlichen „Performance" werden.

Dreh dich einmal rundherum
Text: Stefanie Zysk

Dreh dich um, dreh dich um,
dreh dich einmal rundherum.
Wo bin ich jetzt, wo bin ich jetzt?
Hab' mich hinter dich gesetzt.
Erwachsener setzt sich hinter das Kind und animiert es, sich umzudrehen

Dreh dich um, dreh dich um,
dreh dich einmal rundherum.
Schau mal her, schau mal her,
den Teddy magst du doch so sehr.
Erwachsener setzt sich wieder hinter das Kind und legt das Stofftier vor sich

Mit 9 Monaten kann ein Baby sicher sitzen. Um Gegenstände zu erreichen, die seitlich oder hinter ihm liegen, dreht es sich im Sitzen um seine eigene Achse. Am Anfang ist das noch schwierig – aber Übung macht den Meister.

Alter: ab 9 Monaten
Material: Stofftier
Förderschwerpunkte: Gleichgewicht, Körpererfahrung

Das Baby sitzt auf dem Boden. Der Erwachsene setzt sich in ca. 1 m Entfernung hinter das Kind und spricht das Gedicht. Das Kind wird zuerst versuchen, nur den Kopf, dann auch den ganzen Körper sitzend um die eigene Achse zu drehen.
Als weiterer Anreiz kann z. B. ein Teddy oder ein anderes Stofftier hinter das Kind gelegt werden.

Ein gutes Versteck

Ende des ersten Lebensjahres lernt das Baby, dass Personen oder Gegenstände, die gerade nicht zu sehen sind, dennoch weiter existieren. Neben dem Verständnis für Objektpermanenz (vgl. S. 35) wird auch die visuelle Wahrnehmung durch dieses Versteckspiel gefördert.

Alter: ab 9 Monaten
Material: kleines Spielzeug (z. B. Flummi, Rassel usw.), undurchsichtige Becher
Förderschwerpunkte: visuelle Wahrnehmung, Verständnis für Objektpermanenz

Vor das Baby wird ein kleines Spielzeug, z. B. ein Flummi, gelegt und mit einem Becher bedeckt. Das Baby kann den Becher wegnehmen und den Flummi entdecken.
Das Spiel wird noch spannender, wenn der Erwachsene vorsichtig unter den Becher späht und ein erwartungsvolles Gesicht macht.
Wird ein zweiter Becher ohne einen Gegenstand dazugestellt und beide Becher vertauscht, wird es für das Baby noch aufregender. Wo ist der gesuchte Flummi?

Wo sind die Wäscheklammern?

Mit 10 Monaten beginnt ein Baby Gegenstände in kleine Öffnungen hineinzustecken und versucht diese auch wieder herauszubekommen. Dieses Spiel erfordert Geschicklichkeit, Einfallsreichtum und beschäftigt sogar Kleinkinder stundenlang.

Alter: ab 10 Monaten
Material: Wäscheklammern, leere Kosmetiktücherbox oder saubere Weichspülerflasche

Förderschwerpunkte: Auge-Hand-Koordination, Einfallsreichtum

Das Baby sitzt auf dem Boden. Die Wäscheklammern und die Box befinden sich in Reichweite vor ihm. Der Erwachsene steckt die erste Wäscheklammer in die Box. Jetzt darf das Baby weitermachen.
Besonders interessant ist es, wenn alle Wäscheklammern in der Box verschwunden sind. Auf welche Weise kommen sie am besten wieder heraus? Wie löst das Kind das Problem?

Achtung: Das ist auffällig!

Das Baby im Alter von 6 bis 8 Monaten sollte einem Arzt vorgestellt werden, wenn es

- in Bauchlage nicht mit einer Hand nach Gegenständen greift oder eine Hand bevorzugt,
- Spielzeug nicht sicher greift und von einer Hand in die andere wechselt,
- mit 7 Monaten nicht aus der Bauch- in die Rückenlage rollt,
- sich Ende des 7. Monats nicht an den Händen eines Erwachsenen zum Sitzen hochzieht,
- sich im Alter von 8 Monaten nicht allein aus der Rückenlage auf den Bauch drehen kann,
- Ende des 8. Monats nicht kurzzeitig stehen kann, während es an den Händen gehalten wird,

- keine Silbenketten bildet („*dadada*", „*rere-re*" oder „*mamamam*"),
- Ende des 8. Monats nicht fremdelt (s. S. 44 „Achtmonatsangst"),
- Ende des 9. Monats nicht vorwärtskriecht und nicht selbstständig sitzt,
- Ende des 10. Monats nicht mit dem Kopf nickt für „*ja*" oder ihn schüttelt für „*nein*" und mit der Hand noch nicht winkt,
- mit 10 Monaten nicht auf seinen Namen reagiert,
- sich im 11. Monat nicht an Möbeln hochzieht und seitwärts daran entlang läuft,
- mit 12 Monaten einen kleinen Gegenstand nicht aufheben (Pinzetten-/Zangengriff) und einem Erwachsenen geben kann,
- mit 12 Monaten nicht an seinem Spiegelbild interessiert ist.

EIN MENSCH RICHTET SICH AUF

Das Kleinkind mit 1 Jahr

U6
9. – 12.
Monat

Ende des 1. Lebensjahres eröffnen sich dem Kind neue Perspektiven: Es richtet sich auf und steht erst wackelig an niedrigen Tischen oder Stühlen. Doch schon bald wandert es geschickt an Möbeln entlang, räumt Schubladen aus und streckt sich so lange, bis es auch die interessanten Dinge im Regal erreicht. So manche Situation ist dabei nicht ungefährlich. Vonseiten des Erwachsenen ist von morgens bis abends größte Aufmerksamkeit gefragt und das Nervenkostüm wird oftmals auf eine harte Probe gestellt.

Mit der Mobilität wächst im Kind auch sein „Ich-Gefühl" heran. Es wird sich seiner Person bewusst und entwickelt einen eigenen Willen – oftmals einen sehr starken!

Verbote, die am Tag zuvor ausgesprochen wurden, sind rasch vergessen. Das Kleinkind lebt in der Gegenwart und es bedarf zahlreicher Wiederholungen, bis ein „Nein" auch wirklich befolgt wird. Es erfordert viel Geduld, Grenzen immer wieder aufzuzeigen. Dies führt oftmals zu heftigen Wutausbrüchen bei den kleinen Entdeckern. Trotzdem darf und soll der Erwachsene an seiner klaren Linie festhalten, solange sie berechtigt ist. Dies hilft dem Kind, sich später in der Welt zurechtzufinden und es wird lernen, sich selbst zu kontrollieren. Trotzdem sollten nicht zu viele Einschränkungen ausgesprochen und nicht zu viele strikte Grenzen gesetzt werden. Es ist wichtig, dass das Kind genügend Freiheiten hat, um seine Persönlichkeit zu entfalten. Nur indem es viele verschiedene Dinge ausprobiert, wird es seine Fähigkeiten entwickeln: eine kleine Blume selbstständig umtopfen, den Inhalt des Papiermülls genau unter die Lupe nehmen oder sich am Plätzchenbacken mit eigenen kleinen Knet- und Ausstech-Formen zu beteiligen – auch wenn am Ende Kind wie Küche oder Balkon eine Säuberungsaktion dringend nötig haben …

Schau, was ich schon alles kann!

Ein einjähriges Kleinkind ist immer in Bewegung. Es **sitzt frei** ohne sich abzustützen, **krabbelt** bereits sehr geschickt und erreicht dabei beeindruckende Geschwindigkeiten. Manche bevorzugen es – statt zu krabbeln – auf dem Po sitzend vorwärts zu rutschen: die sogenannten „Shufflerkinder" (engl. *to shuffle* = schieben).

Am Anfang des 2. Lebensjahres ziehen sich die meisten Kleinkinder noch an Gegenständen hoch, manche kommen aber schon **frei über den Halbkniestand zum Stehen.** Während sich das Kind mit 13 Monaten oft noch an Möbeln festhält und an diesen entlangläuft, **steht** es wenige Wochen später schon für kurze Zeit **allein.** Mit 18 Monaten **steht** es ohne Benutzung der Hände sicher **auf** und **läuft frei.** Damit hat es wieder einen wichtigen Meilenstein in seiner Entwicklung geschafft.

Feinmotorisch macht das Kind jetzt große Fortschritte. Es benutzt beide Hände, bevorzugt aber häufig schon eine Hand. Mit 13 Monaten hebt es mit dem **Zangengriff** (s. S. 41) sogar kleinste Dinge präzise auf. Es baut einen Turm aus vier Klötzchen, fädelt große Perlen auf, blättert die Seiten eines Buches um und kann klatschen und winken.

Es **isst** zunehmend **selbstständig** – allerdings mit den Händen – und setzt den Löffel Anfang des 2. Lebensjahres noch ungezielt ein. Mit 18 Monaten benutzen Kleinkinder bei Tisch bereits Löffel und Gabel und trinken aus einer Tasse.

Mit 15 Monaten **zieht** sich das Kind selbstständig **einzelne Kleidungsstücke aus** und hilft gerne bei einfachen Arbeiten im Haushalt. Es spielt allein, aber auch gerne in Gesellschaft. Dabei beschäftigt es sich jedoch meist *neben* seinem Freund – ein Zusammenspiel findet kaum statt.

Im Alter von 18 Monaten lieben Kinder es, Behälter zu füllen und wieder auszuleeren. Sie imitieren Erwachsene und lernen dadurch die Funktion von Gebrauchsgegenständen. Bücher schauen sie sich jetzt konzentriert an und kritzeln mit einem Stift Striche und Punkte.

Im 2. Lebensjahr erforscht das Kleinkind Gegenstände zunehmend visuell und nicht mehr vornehmlich mit dem Mund. Es reagiert auf seinen eigenen Namen und verwendet **„Mama" und „Papa"** gezielt. Mit 13 Monaten spricht es hauptsächlich Lalllaute mit Silbenverdoppelungen und imitiert dabei die Sprachmelodie der Erwachsenen. Aber auch **erste sinnbezogene Wörter** sind schon dabei wie *„Wauwau", „Auto"* oder *„Muh".* Es macht häufig noch Benennungsfehler und bezeichnet auch eine Katze, eine Kuh und ein Pferd mit *„Wauwau"* – alle vierbeinigen Tiere werden für einige Zeit unter *„Wauwau"* zusammengefasst, bis das Kind lernt zu differenzieren.

In den nächsten Wochen werden auch zahlreiche erheiternde Wortschöpfungen dabei sein, die nur Familienangehörige verstehen. Durch das Zeigen auf Gegenstände macht das Kind jetzt Wünsche deutlich. Es kann mit Worten gelenkt werden und führt mit Freude einfache, verbale Aufforderungen aus, z. B.: *„Gib mir bitte den Teddy."*

Im 2. Lebensjahr haben viele Kleinkinder bereits ein Kuscheltier, eine Puppe oder eine Schmusedecke zu ihrem Liebling auserkoren, der immer und überall dabei sein muss. Diese sogenannten **„Übergangsobjekte"** helfen dem Kleinkind beim Einschlafen oder wenn es sich einsam fühlt. Sie stellen eine Art Elternersatz dar und begleiten das Kind auf seinen ersten Schritten in eine neue Selbstständigkeit.

Spielerische Förderangebote

„Es ist nichts im Verstand, was nicht zuvor in den Sinnen war."

Aristoteles

Damit ein Kind die Welt um sich herum begreifen kann, muss es Gegenstände greifen, abtasten, auseinander und vielleicht sogar noch in den Mund nehmen. Erst durch das Zusammenspiel von Tasten, Sehen, Schmecken, Riechen und Hören entwickelt es die Fähigkeit des abstrakten Begreifens. Die vielen Reize, die ständig auf das Kind einströmen, muss es erkennen, ordnen und strukturieren. Das Gehirn läuft dabei auf Hochtouren, Nervenzellen bilden neue Verbindungen und die Zusammenarbeit beider Hirnhälften wird gefördert. Über die Bewegung findet also die Wahrnehmung statt und ist damit der Motor der Entwicklung. Bewegungs- und Wahrnehmungsspiele fördern das Kind und helfen die Welt zu verstehen.

Slalomkrabbeln

Alter: ab 1 Jahr
Material: Kartons, große Kissen
Förderschwerpunkte: Grobmotorik, Körpererfahrung

Kartons, große Kissen und Stühle werden so im Raum verteilt, dass das Kleinkind dazwischen hindurch und um sie herum krabbeln kann. Auch große oder kleine Tische werden miteinbezogen.
Das Kind erkundet langsam den neuen Parcours und wird nach und nach immer schneller. Das Verstecken unter den Möbeln bringt zusätzlichen Spaß.
Tipp: Krabbelt der Erwachsene voraus, wird das Spiel dem Kind noch mehr Freude bereiten, es animieren und unterstützen.

Loben motiviert

Kinder erlernen ständig neue Fähigkeiten. Ein **Lob zum richtigen Zeitpunkt stärkt** das Selbstbewusstsein und motiviert weiterzumachen oder etwas Neues auszuprobieren. Durch **Aufmerksamkeit und Zuspruch** wird das Kind in seinem Tun unterstützt und dadurch in seiner Entwicklung gefördert. Die Anerkennung sollte von Herzen kommen und ehrlich gemeint sein. Entscheidend ist, dass das Kind das Lob versteht. Gerade bei einem Einjährigen sind **Sprachmelodie, Mimik und Körperkontakt** wie streicheln oder umarmen wichtig.
Es macht allerdings keinen Sinn, ein Kind mit Lob zu überschütten. Steht es z. B. erstmals frei, darf anfangs laut gejubelt werden. Klappt es in den nächsten Tagen häufiger, wird auch ein Klatschen oder anerkennendes Lächeln das Kind mit Stolz erfüllen. Ein Lob darf **Abstufungen** kennen. Fällt es immer gleich stark aus, verliert es an Wert, ist kein Ansporn mehr und wird unglaubwürdig.

Krabbelspaß mit Ball

Wasserbälle sind für Kleinkinder besonders geeignete Spielgeräte. Der Ball ist leicht, groß und hat meist sehr ansprechende, leuchtende Farben. Ein Krabbelkind kann ihn auch mit dem Kopf oder anderen Körperteilen vorwärts stoßen, und wird es von ihm getroffen, ist es nie schmerzhaft.
Der „Krabbelspaß mit Ball" macht allein, aber auch mit mehreren Kindern Spaß.

Alter: ab 1 Jahr
Material: großer Wasserball
Förderschwerpunkte: Grobmotorik, Körperkoordination

Das Kind sitzt auf dem Boden. Der Erwachsene pustet einen großen Wasserball auf und rollt ihn zum Kind. Das Kind rollt den Ball weiter.
Ist der Ball außer Reichweite, krabbelt es hinter ihm her und schubst ihn durch den Raum.

Kartonhäuser

Alter: ab 1 Jahr
Material: Umzugskarton o.Ä., dicker Filzstift, Teppichmesser, Klebstoff, bunte Papiere, dicke Buntstifte, Kissen, Decken usw.
Förderschwerpunkte: Grob- und Feinmotorik, Kreativität

Der Erwachsene zeichnet auf einen Umzugskarton eine große Eingangstür und Fenster und schneidet diese aus.
Wer mag, bemalt oder beklebt den Karton mit tatkräftiger Unterstützung eines oder mehrerer Kinder: So entsteht ein Schloss für kleine Prinzen und Prinzessinnen oder eine Burg für Ritter und Burgfräulein – der Fantasie sind keine Grenzen gesetzt.
Gemeinsam wird das neue Häuschen mit Kissen, Decken und Kuscheltieren gemütlich eingerichtet.
Der Höhepunkt ist die Einweihungsfeier: Das Kind genießt eine kleine Brotzeit im Kartonhaus – und der Erwachsene feiert auf der Veranda davor mit!

Wilder Deckenritt

Alter: ab 1½ Jahren
Material: große Decke, Raum mit glattem Boden (PVC, Laminat …)
Förderschwerpunkte: Grobmotorik, Gleichgewichtssinn, Körpererfahrung

Das Kleinkind setzt sich auf den hinteren Teil der Decke. Der Erwachsene nimmt die zwei vorderen Deckenzipfel und zieht vorsichtig daran, sodass sich die Decke und das Kind langsam in Bewegung setzen. Das Kind bekommt erst einmal Zeit, um sich an die Fahrt zu gewöhnen.

Nach einer geraden Strecke zieht der Erwachsene das Kind langsam um die Kurve. Jetzt heißt es für den kleinen Fahrer, das Gleichgewicht zu halten!

Hat er sich an den Deckenritt gewöhnt, steigert der Erwachsene – je nach Temperament des Kindes – das Tempo und läuft kreuz und quer durch den Raum. Ein wilder Deckenritt macht besonders viel Spaß, auch wenn das Kind in einer Kurve mal zur Seite purzelt.

Kastanienbad

Alter: ab 1½ Jahren
Material: Kinderbadewanne, Kastanien
Förderschwerpunkte: Handmotorik, Sensibilität, Materialerfahrung

Bei einem gemeinsamen Ausflug im Herbst sammeln die Kinder zusammen mit Erwachsenen Kastanien.

Zu Hause oder in der Einrichtung füllen die Kinder die Kastanien in eine Wanne und setzen sich an den Wannenrand. Jedes Kind befühlt die einzelnen Kastanien, rührt mit den Armen in der Wanne und darf sich – eins nach dem anderen – hineinsetzen oder -legen und mit den Kastanien spielen.

Tipp: Die Kastanien müssen trocken gelagert werden, sonst schimmeln sie!

Überraschungskiste

Eine gute Möglichkeit ein Kleinkind zu beschäftigen, ist die Überraschungskiste. Fein- und Grobmotorik, aber auch die Wahrnehmung werden gefordert und gefördert. Ist die Kiste nur zu bestimmten Zeiten verfügbar, wird sie für das Kind lange attraktiv bleiben.

Alter: ab 1 Jahr
Material: Kiste oder Pappkarton, Haushaltsgegenstände (Kochlöffel, Plastikdeckel, Schneebesen, Becher, Teesieb, Wäscheklammern etc.) und ungefährlicher Krimskrams (z. B. Korken, leere Küchenrolle, alte Kataloge etc.)
Förderschwerpunkte: Grob- und Feinmotorik, visuelle Wahrnehmung, Sensibilität

Eine Kiste wird mit ungefährlichen Haushaltsgegenständen und Krimskrams gefüllt und vor das Kind gestellt. Während der Erwachsene langsam den Deckel öffnet, kann er die Spannung durch passende Worte und Gesichtsausdrücke steigern.

Beim ersten Mal betrachten Erwachsener und Kind den Inhalt der Kiste gemeinsam. Bei manchen Kindern müssen die Gegenstände anfangs herausgeholt werden, bis sie selbst mutig genug sind. Dann wird das Kind die Gegenstände zigmal ausräumen, ansehen, In den Mund nehmen und wieder zurückwerfen.

Im Laufe der Zeit beschäftigt sich das Kind zunehmend allein mit der Überraschungskiste und versinkt in seine eigene Welt.

Tipp: Werden die Gegenstände regelmäßig ausgetauscht, bleibt es für das Kind immer wieder spannend.

Es tut so weh! **Texte:** Stefanie Zysk

Ach herrje, ach herrje,
wo tut's dir so furchtbar weh?
Erst pustet sanft ein Läuschen,
dann streichelt dich ein Mäuschen,
nun kitzelt dich die Katz',
da lachst du schon, mein Schatz.
Zum Glück ist es vorbei,
jetzt spiel schön – eins, zwei, drei!

Förderschwerpunkte: Körperkontakt,
Geborgenheit, Sensibilität, Spracherwerb

Trostverse mindern den kindlichen Schmerz
und haben ihre ganz eigenen Heilkräfte. Die
Zuwendung und Aufmerksamkeit zusammen
mit der körperlichen Berührung vermitteln ein
Gefühl der Geborgenheit. Trostverse helfen in
jedem Alter. Während bei Säuglingen eher der
Körperkontakt tröstend wirkt, bekommen bei
Einjährigen mit gutem Sprachverständnis die
aufmunternden Worte immer mehr Bedeutung. Aber auch bei Kleinkindern darf eine liebevolle Umarmung auf keinen Fall fehlen.

Komm her, mein kleiner Kuschelbär

Oh weh, wer weint denn da so sehr?
Komm her, mein kleiner Kuschelbär.
Lass uns pusten, eins, zwei, drei:
Der ganze Schmerz ist schon vorbei!

Feste pusten

Feste pusten, drüber streichen,
nun kann der Schmerz schon wieder weichen.
Dreimal küssen, wieder lachen,
lass uns jetzt was Schönes machen!

Murmeldose

Alter: ab 1 Jahr
Material: 1 Keks- oder Kaffeedose aus
Metall, Murmeln; evtl. Klebeband
Förderschwerpunkte: Feinmotorik, auditive
Wahrnehmung

Das Kleinkind legt alle Murmeln in die Metall-
dose. Gemeinsam mit dem Erwachsenen bewegt es die noch offene Dose langsam hin
und her, sodass es die Bewegung der Murmeln verfolgen kann.
Die Dose wird fest mit dem Deckel verschlossen. Nun kann das Kind die Dose schnell bewegen oder wild schütteln – das kann ganz
schön laut werden!
Achtung: Kleinkinder dürfen mit der offenen
Dose nicht unbeobachtet spielen, damit sie
die Murmeln nicht in den Mund nehmen.
Durch Klebeband kann die Murmeldose sicher verschlossen werden.

Rasselflasche

Eine Rasselflasche kann schon mit einem ein-jährigen Kind gemeinsam gebastelt werden. Dies ist nicht nur eine gute feinmotorische Übung (Zangengriff), sondern durch die Rasselklänge werden auch die auditive Wahrnehmung und das Rhythmusgefühl angesprochen.

Alter: ab 1 Jahr
Material: leere, saubere Plastikflasche mit Schraubverschluss, Füllmaterial (z. B. ungekochte Nudeln, Steinchen, Knöpfe)
Förderschwerpunkte: Feinmotorik, auditive Wahrnehmung, Rhythmusgefühl

Das Kleinkind steckt die Nudeln oder Steinchen unter Aufsicht des Erwachsenen nach und nach in die Flasche. Ist die Flasche ungefähr zur Hälfte gefüllt, schraubt sie der Erwachsene so fest wie möglich zu.

Gemeinsam mit dem Kind probiert er verschiedene Rassel-Möglichkeiten aus: heftiges Schütteln, langsames Hin- und Herdrehen, Rollen über den Boden, rhythmisches Rasseln … Die Geräusche sind jedes Mal anders! Entdeckt das Kind selbst noch weitere Rasselmöglichkeiten?

Gefährliches aus Kinder-Reichweite entfernen

Sobald sich ein Kleinkind in den Stand hochziehen kann, eröffnen sich neue spannende Welten. Gegenstände werden neugierig vom Tisch gezogen. **Heiße Tee- oder Kaffeekannen** stellen jetzt zu Hause eine große Gefahr dar. Auch vor Töpfen und Pfannen auf dem Herd macht der kindliche Entdeckerdrang keinen Halt. In der Einrichtung sind die **Bastelscheren, Kastanienbohrer und Kleistertöpfe** der Großen besonders interessant. **Fädelperlen** oder kleine Gegenstände aus Spielen bleiben auf den Kindertischen liegen oder fallen gerne auf den Boden. Kommen Kinder unterschiedlichen Alters zusammen, muss immer darauf geachtet werden, dass Spielzeug, das für die Kleinsten gefährlich ist, an sicheren Plätzen untergebracht wird. Auch **Reinigungsmittel, Medikamente, Zigaretten, Streichhölzer und Messer** müssen für Kinder unzugänglich aufbewahrt werden!

Wildes Trommeln

Alter: ab 1 Jahr
Material: Töpfe, leere Waschpulverkisten, Kaffeedosen, 2 Kochlöffel oder dicke Holzstäbe
Förderschwerpunkte: auditive Wahrnehmung, Handmotorik, Rhythmusgefühl, Freude an Klängen

Das Kind sitzt auf dem Boden oder steht an einem niedrigen Tisch. Vor ihm werden verschiedene Töpfe, Dosen usw. aufgebaut.
Mit zwei Kochlöffeln oder dicken Holzstäben kann es Schlagzeug spielen. Wird einfach nur wild getrommelt? Probiert das Kind laute und leise Töne? Ist sogar ein Rhythmus zu erkennen?
Egal, wie der kleine Künstler Schlagzeug spielt, eines ist sicher: Es macht richtig viel Spaß!

Knistersack

Alter: ab 1 Jahr
Material: Wäschesack (oder Kissenbezug), Folie oder Zeitungspapier
Förderschwerpunkte: auditive Wahrnehmung, Sensibilität, Grobmotorik

Ein Wäschesack wird mit Zeitungspapier oder Geschenkfolie gefüllt.
Das Kleinkind wird diesem Knistersack mit großer Begeisterung immer neue Geräusche entlocken, indem es ihn z. B. knetet, durch den Raum wirft, sich darauf setzt, darüber kugelt …
Achtung: Der Wäschesack sollte durch einen Reißverschluss sicher verschlossen sein, damit dem Kleinkind das Füllmaterial nicht gefährlich werden kann.

Die Hände können klatschen   **Text:** Stefanie Zysk

Die Hände können klatschen,
eins, zwei, drei,
und auf die Schenkel patschen,
da ist nicht viel dabei.

Die Finger können tippen,
eins, zwei, drei,
oder sogar wippen,
da ist nicht viel dabei.

Die Faust schlägt auf den Tisch,
eins, zwei, drei,
schon hab' ich dich erwischt,
jetzt kommt die Knuddelei!

Im Alter von 9 bis 12 Monaten lernt ein Kind zu klatschen. Während anfangs der Erwachsene die Hände des Kindes dafür in seine genommen hat, kann es jetzt selbst mitklatschen. Klatschspiele sind bei Kindern aller Altersgruppen sehr beliebt und können in ihrem Schwierigkeitsgrad beliebig variiert werden. Sie trainieren aktives Zuhören und Konzentration. Außerdem fördern sie das Rhythmusgefühl und die Motorik des Kindes. Durch die begleitenden Reime, die gerne ständig wiederholt werden, sind Spielverse die besten Sprachförderer.

Alter: ab 1 Jahr mit Hilfe /
ab 1,5 Jahren zunehmend selbstständiger
Förderschwerpunkte: Handmotorik, Spracherwerb, Rhythmusgefühl, Konzentration

Der Erwachsene sitzt mit dem Kleinkind am Tisch. Passend zu den Versen werden die Hände, Finger und Fäuste bewegt.
Am Ende wird das Kind fest in den Arm genommen und gedrückt.

Wo ist die Nase?

Alter: ab 1 Jahr
Förderschwerpunkte: Sprachverständnis, Körperwahrnehmung

Der Erwachsene setzt sich dem Kind gegenüber auf den Boden. Mit der Frage: *„Wo ist die Nase?"* beginnt das Spiel. Zu der Antwort: *„Da ist die Nase!"* berührt der Erwachsene die Nase des Kindes. Das Gleiche wird für Augen, Mund, Ohren, Arme, Po, Knie etc. wiederholt. Ab etwa 15 Monaten wird das Kind beginnen selbstständig auf den richtigen Körperteil zu zeigen.

Achtung: Das ist auffällig!

Das Kleinkind sollte einem Arzt vorgestellt werden, wenn es
- mit 14 Monaten nicht mit einer Bezugsperson Ball spielt,
- mit 15 Monaten nicht gezielt „Mama" und „Papa" sagen kann,
- mit 16 Monaten einen Becher nicht selbstständig hält und daraus trinkt,
- bis zum 18. Lebensmonat kein Wort in Kindersprache spricht (z.B. *„Wauwau"* für Hund, *„Muh"* für Kuh, *„Nane"* für Banane) und einfache Aufforderungen (*„Bring mir deine Schuhe"* oder *„Zeig mir den Teddy"*) nicht versteht,
- mit 18 Monaten nicht frei läuft und rückwärts geht,
- mit 18 Monaten noch keinen Turm aus drei Klötzchen baut,
- mit 19 Monaten nicht mit einem Kuscheltier schmust,
- mit 20 Monaten nicht in der Lage ist, einen Ball mit dem Fuß wegzutreten, ohne sich festzuhalten,
- sich Ende des 20. Monats einfache Kleidungsstücke wie Socken, Mütze und Schuhe nicht allein ausziehen kann,
- mit 24 Monaten keine Zweiwortsätze bildet.

AUF DEM WEG IN DIE SELBSTSTÄNDIGKEIT

Das Kleinkind mit 2 Jahren

U7
21.–24.
Monat

Mit 2 Jahren verbringen fast alle Kinder wenigstens schon einige Stunden allein in einer Krabbel- oder Spielgruppe. Andere haben sich bei einer Tagesmutter eingelebt und genießen dort eine familienähnliche Atmosphäre, in der es möglich ist, individuell auf das Kind einzugehen. Kinderkrippen haben den großen Vorteil, dass ausschließlich professionelles Personal beschäftigt wird. Die Betreuung funktioniert zuverlässig und der Tagesablauf ist nach pädagogischen Konzepten ausgerichtet. Oft befindet sich der Kindergarten in der gleichen Einrichtung, sodass ein erneutes Eingewöhnen nicht mehr notwendig ist, oder der Übergang entfällt ohnehin, wenn es sich um eine Einrichtung mit altersgemischten Gruppen von 0–6 Jahren oder darüber hinaus handelt.

Um in einer Krippe eine gute Betreuung zu gewährleisten, sollten Eltern darauf achten, dass die Einrichtung über gut ausgebildetes und ausreichendes Personal verfügt und die Gruppen nicht zu groß sind. Für Kinder unter 2 Jahren gilt ein Betreuer auf drei bis vier Kinder als guter Standard. Leider ist der Personalschlüssel in den Kinderkrippen oft nicht optimal. Doch gerade Kinder unter 3 Jahren bedürfen einer guten und intensiven Betreuung, damit sie altersgerecht gefördert werden. Für dieses Ziel lohnt es sich durchaus zu kämpfen und dies immer wieder einzufordern – durch die Eltern, die BetreuerInnen und ErzieherInnen, Einrichtungs-LeiterInnen und die PolitikerInnen!

Schau, was ich schon alles kann!

Mit 2 Jahren kann ein Kleinkind **sicher laufen,** rennen und spielt gerne „Fußball". Es weicht Hindernissen geschickt aus und kann **Treppen steigen.** Hierbei muss es sich noch festhalten und macht **Nachstellschritte.**
Ende des 3. Lebensjahres kann es etwa zwei Stufen im **Wechselschritt** hochsteigen, d.h. es stellt nicht mehr beide Füße auf eine Stufe. Der Gleichgewichtssinn des Kleinkindes ist jetzt so weit entwickelt, dass es für eine Sekunde **auf einem Bein stehen** kann. Es schiebt das Rutschauto mit beiden Beinen synchron vorwärts, hüpft auf der Stelle und klettert gern.
Seine Hände bewegt das Kind inzwischen sehr geschickt und zeigt eine gute **Feinmotorik.** Es baut einen Turm aus 8 Klötzchen. Mit 2 ½ Jahren kann es eine Brücke nachbauen und den Schraubverschluss einer Dose öffnen.
Das Kleinkind **zieht** sich unter Anleitung **allein Kleidungsstücke an** und schließt Ende des 3. Lebensjahres auch große Knöpfe. Es folgt mündlichen Aufforderungen. Mit 2 Jahren **erkennt ein Kleinkind sich selbst im Spiegel** und zeigt auf benannte Körperteile. Es malt kreisförmige bzw. spiralförmige Gebilde, auch **„Urknäuel"** genannt. Die **Symbolik** nimmt im Spiel jetzt eine wichtige Rolle ein: Das Kind tut so, als würde es aus einer Tasse trinken oder die Puppe füttern.
Das Sprachverständnis des 2-jährigen Kleinkindes ist weitaus größer als sein aktiver Wortschatz. Dieser umfasst um den 24. Monat herum etwa **50 bis 150 Wörter** und wird in den nächsten Wochen explodieren. Das Kind bildet jetzt aus **zwei Wörtern erste Sätze.** Für Fremde ist es allerdings oft schwierig, den Sinn der kindlichen Äußerungen zu verstehen. Phasenweise benutzt es eine Art Fantasiesprache oder **Wortneuschöpfungen,** wenn es die korrekte Bezeichnung eines Gegenstandes noch nicht kennt (z. B. *„Eierbrate"* für Pfanne, *„Schleck"* für Zunge oder der *„sonnige"* Ball

für gelb). Ausdauernd imitiert das Kind Geräusche und singt erste Lieder.
Es will jetzt vieles wissen und **stellt Fragen,** indem es auf Dinge zeigt und fragt: *„Das da?"* Erst mit 2½ Jahren benutzt es die Fragepronomen *„was"*, *„wo"* oder *„wie"*. Inzwischen ist die Aussprache auch für Außenstehende gut verständlich. Manche Kinder sprechen von sich selbst schon in der **Ich-Form,** viele benutzen noch ihren Vornamen.
Zum Wortschatz des Kleinkindes gehören inzwischen Wörter wie *„Nein!"*, *„Selber!"* oder *„Meins!"* Das Kind entdeckt sein Ich. Es will selbst bestimmen, was es tut und was es nicht tut. Dies führt häufig zu heftigen Machtkämpfen zwischen dem 2-jährigen Kind und dem Erwachsenen. **Wut- und Trotzanfälle** gehören in diesem Alter zur Tagesordnung. Das Kind stärkt sein Selbstwertgefühl und tastet seine Grenzen ab. Dies ist ein wichtiger Schritt für die Persönlichkeitsentwicklung, Charakterbildung und Eigenständigkeit des Kindes.
Ein Kind mit 2 Jahren nimmt **aktiv am Familienleben** teil und nutzt die erworbene Sprache, um seine Wünsche zu äußern, oder zur Kommunikation mit seinen Mitmenschen.

Spielerische Förderangebote

Sobald das Kleinkind laufen kann, eröffnen sich neue Spielmöglichkeiten. Endlich kann es dem Ball, dem es lange Zeit nachgesehen hat, auch hinterherflitzen. Schon die Kleinsten haben genauso viel Spaß an ersten Fußballspielen wie die Großen. Spielzeuge zum Nachziehen regen so manchen Knirps zu weiten Spaziergängen an. Durch die verbesserte Feinmotorik schafft das Kind leichte Steckpuzzles und füllt Formen in eine Formenbox. Noch geschieht dies nach dem Versuchs- und Irrtumsprinzip. Stundenlang befüllen 2-Jährige Behälter und leeren sie wieder aus. Ob Rosinen, Murmeln, Sand oder Steine – alles wird geduldig in Becher und Flaschen gesteckt, geschüttelt und wieder herausgeholt. Unermüdlich erforschen, probieren und beobachten Kinder in diesem Alter, denn nicht mehr die Handlung selbst steht im Vordergrund: Das Kind ist am Ergebnis interessiert und möchte Sinn und Zweck der verschiedenen Gegenstände herausfinden.

Außerdem sind Kleinkinder inzwischen in der Lage, nicht nur nebeneinander, sondern auch miteinander zu spielen, sodass erste Gruppenspiele möglich sind.

Flaschenkegeln

Alter: ab 2 Jahren
Material: Ball, Plastikflaschen; evtl. Sand
Förderschwerpunkte: Grobmotorik, Auge-Hand-Koordination, Geschicklichkeit

Die Kinder platzieren leere Plastikflaschen in einiger Entfernung in einer Gruppe und stellen sich in einer Reihe nebeneinander auf. Nacheinander kegeln sie mit dem Ball die Flaschen um. Anfangs rollen sie den Ball, später kann er auch geworfen werden. Wer ist der beste Kegler und stößt die meisten Flaschen um?

Tipp: Zu Beginn sollte der Abstand zu den Flaschen nicht zu weit gewählt werden. Im Spielverlauf können die Kinder auch aus größerer Entfernung ihr Glück versuchen.

Variante ab 2½ Jahren
Mit etwas Sand oder Wasser gefüllte Flaschen fallen nicht so leicht um. Dieses Spiel eignet sich wunderbar für draußen.

Seifenblasen fangen

Die schillernden Seifenblasen faszinieren jedes Kind. Sie einzufangen ist eine gute Übung für die Grobmotorik. Dieses Spiel sollte am besten im Freien gespielt werden, damit die Kinder ausreichend Platz haben. Außerdem bringt ein leichter Wind die Seifenblasen besonders schön zum Fliegen.

Alter: ab 2 Jahren
Material: Seifenblasen-Dosen
Förderschwerpunkte: Auge-Hand-Koordination, Geschicklichkeit, Grobmotorik

Die Kinder verteilen sich im Raum bzw. im Freien.
Ein Erwachsener geht in die Mitte und pustet die Seifenblasen in verschiedenen Richtungen. Die Kinder fangen die bunten Blasen und lassen so viele wie möglich zerplatzen.
Finden sie außer den Händen noch andere Möglichkeiten, um die Seifenblasen zerplatzen zu lassen? Wie wäre es mit dem Kopf oder dem Fuß?

Luftballon-Fußball

Fußballspielen ist für Kinder eine wunderbare Übung, um das Gleichgewicht zu halten und ihre Bewegungen zu koordinieren. Nur zu leicht verlieren sie beim Tritt gegen den Ball noch die Balance. Außerdem ändert sich dabei der Laufrhythmus – das erfordert Übung!

Alter: ab 2 Jahren
Material: Luftballons
Förderschwerpunkte: Grobmotorik, Gleichgewichtssinn, Auge-Fuß-Koordination

Für jedes Kind wird ein Luftballon aufgeblasen.
Alle Kinder legen ihren Ballon vor sich auf den Boden und treten ihn mit dem Fuß immer weiter durch den Raum.
Haben sich alle Kinder mit ihrem eigenen Ballon ausprobiert, werden alle Luftballons bis auf einen eingesammelt. Diesen Ball spielen sich die Kinder gegenseitig im Kreis zu.

Variante ab 2½ Jahren
Jedes Kind stellt sich mit seinem Luftballon an einer Raumseite auf. Auf ein Signal schießen alle ihren Luftballon so rasch wie möglich auf die andere Seite des Zimmers. Wer den Raum mit seinem Ballon am schnellsten durchquert hat, ist SiegerIn.
Achtung: Bei kleineren Räumen ist es ratsam, mehrere Gruppen zu bilden und die Kinder nacheinander spielen zu lassen. Im Eifer des Gefechts kann es sonst zu schmerzhaften Zusammenstößen kommen.

Kreativer Turmbau

Ein Turmbau erfordert viel Geschicklichkeit und Konzentration. Fällt der Turm in sich zusammen oder wird er absichtlich zum Einsturz gebracht, erforschen selbst Kinder mit 2 Jahren schon unbewusst die physikalischen Gesetze.

Alter: ab 2 Jahren
Material: Bauklötze, Steine, Würfel, Streichholzschachteln, Zeitungspapier, Kartoffeln etc.
Förderschwerpunkte: Feinmotorik, Geschicklichkeit, Auge-Hand-Koordination

Die Kinder erhalten verschiedene Materialien, um einen möglichst hohen Turm zu bauen. Den Beginn machen die bekannten Bauklötze.
Im weiteren Spielverlauf kommen auch ungewöhnlichere Materialien zum Einsatz, z. B. Steine, Würfel, Streichholzschachteln, Kartoffeln oder zerknüllte Zeitungen. Wer ist der größte Baumeister?

Murmelspurenbilder

Alter: ab 3 Jahren
Material: Papier, 1 Schuhkartondeckel und
1 Murmel pro Kind, Fingerfarbe
Förderschwerpunkte: Kreativität, Feinmotorik

Ein Blatt Papier wird in die Innenseite der Schuhkartondeckel gelegt.
Jedes Kind erhält einen Deckel, taucht eine Murmel in Fingerfarbe ein und lässt sie im Deckel hin und her rollen.
Dieser Vorgang wird mit verschiedenen Farben wiederholt, bis ein buntes Murmelspurenbild entstanden ist.

Steinschlange

In der Natur zu spielen, bedeutet Natur zu erleben. Die Landschaftseindrücke, Geräusche und Gerüche regen die Sinne an und wirken gleichzeitig beruhigend. Das Gefühl von Freiheit, das Spielen ohne räumliche Grenzen beflügelt die Fantasie und Kreativität von Kindern.

Alter: ab 3 Jahren
Material: Steine in verschiedenen Größen und Formen, Beeren, Grashalme o.Ä.
Förderschwerpunkte: Kreativität, visuelle Wahrnehmung, kognitive Fähigkeiten

Die Kinder suchen draußen gemeinsam Steine in verschiedenen Farben und Formen.
Diese werden auf einen Haufen gelegt und alle betrachten gemeinsam ihre Fundstücke. Welcher Stein eignet sich wohl am besten als Schlangenkopf? Für den Körper werden die Steine der Größe nach aneinandergelegt. Durch ein paar Kurven sieht es so aus, als würde sich die Schlange über den Boden schlängeln. Die kleinsten Steine bilden das Schwanzende. Oder ist es gar eine Klapperschlange? Wie könnte dann das Schwanzende aussehen?
Beeren, Grashalme o.Ä. dienen als Augen und Zunge.

Vorsicht! Das „natürliche" Stottern

Ein Kind mit 3 Jahren beherrscht seine Muttersprache schon recht sicher. Doch gerade in diesem Alter tritt häufig das sogenannte **„natürliche" Stottern** auf, da **das kindliche Denken und seine Sprachfähigkeit nicht auf dem gleichen Entwicklungsstand sind.** Die Sprachproduktion und das Sprechen erreichen noch nicht die Geschwindigkeit, mit der das Kind seine Wünsche und Gedanken ausdrücken möchte. Damit der kleine Erzähler nicht noch mehr unter Druck gerät, sollte der erwachsene **Zuhörer ruhig abwarten.** Durch ständiges **Korrigieren** oder gar **Ermahnen** kann sich das Stottern ansonsten sogar **verschlimmern.**

Mit fünf Jahren verschwindet diese Sprechstörung i.d.R. wieder. Falls sie jedoch **länger andauert,** sollten Eltern sich an ihren Kinderarzt wenden. Dieser wird entscheiden, ob ein **Sprachtherapeut oder Logopäde** weiterhelfen kann.

Ruf deinen Namen in die Welt

Text: Stefanie Zysk
Musik: Karin Kindermann

Kinder werden sich mit 3 Jahren ihrer eigenen Persönlichkeit zunehmend bewusst. Sie sprechen von sich selbst in der Ich-Form und kennen ihren Vor- und Nachnamen.

1. Al - le Blu - men ha - ben Na - men, sie ent - steh'n aus ei - nem Sa - men, al - le steh'n aus ei - nem Sa - men, blü - hen rot und blau und gelb und ver - schö - nern uns die Welt.

1. ‖:Alle Blumen haben Namen,
sie entsteh'n aus einem Samen,:‖
blühen rot und blau und gelb
und verschönern uns die Welt.

2. ‖:Alle Tiere haben Namen,
die großen, kleinen, wilden, zahmen,:‖
wohnen frei in Wald und Feld
und verschönern uns die Welt.

3. ‖:Alle Menschen haben Namen,
Mädchen, Jungen, Herren, Damen,:‖
weil dein Name uns gefällt,
rufen wir ihn in die Welt.

Alter: ab 3 Jahren
Förderschwerpunkte: Musik, Stärkung des Selbstwertgefühls, Sprachentwicklung, Kreativität

Das Lied wird gemeinsam gesungen. Am Ende des Liedes nennt das erste Kind seinen Namen und alle wiederholen ihn laut.
Die 3. Strophe wird wiederholt und das nächste Kind ist an der Reihe.

Variante

Die letzte Zeile der 3. Strophe kann variiert werden, z.B.: „… *flüstern / singen / sprechen / tröten* (Hand zum Sprachrohr) *wir ihn in die Welt"*. Die Kinder können sich selbst weitere Möglichkeiten ausdenken.

Achtung: Das ist auffällig!

Das Kind im Alter von 3 Jahren sollte einem Arzt vorgestellt werden, wenn es nicht in der Lage ist,

- eine Treppe (im Nachstellschritt) ohne Festhalten hinunterzugehen,
- von der untersten Treppenstufe beidbeinig hinunterzuspringen,
- einen Turm aus acht Bauklötzen und eine Brücke aus 3 Bauklötzen zu bauen,
- mit 33 Monaten mit dem Löffel zu essen, ohne zu kleckern,
- seinen Vor- und Nachnamen im Alter von 36 Monaten zu sagen,
- Drei- bis Fünfwortsätze zu sprechen,

- die Mehrzahl zu verwenden und von sich selbst in der „Ich"-Form zu sprechen,
- sich an leichte Spielregeln zu halten,
- sich mit 3½ Jahren alleine anzuziehen,
- mit 3½ Jahren eine einfache Zeichnung eines Menschen („Kopffüßler") zu machen,
- mit 3½ Jahren mehrere Sekunden auf einem Bein zu stehen,
- tagsüber für einige Stunden trocken zu bleiben und niemals rechtzeitig nach der Toilette verlangt,
- für eine kurze Zeit ohne seine Bezugsperson zu bleiben.

LEBEN ZWISCHEN WIRKLICHKEIT UND FANTASIE

Das Kind mit 4 Jahren

U8
43.–48.
Monat

Die Zeit um das vierte Lebensjahr herum wird gern als die „magischen Jahre" bezeichnet, denn das vierjährige Kind ist oft nicht in der Lage, Traum und Wirklichkeit voneinander zu unterscheiden. Es lebt in einer Welt, die uns Erwachsenen einerseits fremd, andererseits aber auch faszinierend erscheint. Die Grenzen zwischen Fantasie und Realität sind fließend, deshalb ist es für das Kind selbstverständlich, dass die Puppe sprechen kann und der Teddy an schrecklichen Bauchschmerzen leidet. Natürlich begleitet der Mond uns auf der Autofahrt nach Hause – eine schöne Vorstellung, wenn wir uns darauf einlassen.

Aber auch bei den täglichen Auseinandersetzungen leistet die Fantasie gute Dienste. Wie sollen wir als Erwachsene damit umgehen, wenn die Milch auf den Boden geschüttet wurde und angeblich der freche Nachbarshund daran schuld ist? Und wer hat den Schlüssel versteckt? Klar, ein Kobold. In dieser Zeit sind von uns viel Humor und Fantasie gefragt!

Schau, was ich schon alles kann!

Das Kind mit 4 Jahren hat einen unerschöpflichen Bewegungsdrang, seine Energiereserven sind enorm. Es geht und **rennt** sicher, **klettert** auf Bäume und **fährt problemlos Dreirad oder Laufrad.** Mit den Worten „Schau mal, was ich kann!" führt es sein Können Erwachsenen gerne vor. Gleichaltrigen gegenüber verhält es sich zunehmend kompetitiv und **vergleicht die eigenen Fähigkeiten** mit denen der Mitspieler. Das Kind kann 5 bis 10 Sekunden auf einem Bein stehen und ein kurzes Stück auf einem Bein hüpfen. **Treppen steigt es freihändig mit Beinwechsel** auf und ab.

Feinmotorisch ist es geschickt, fädelt einfache Ketten auf und baut Türme aus mehr als 10 Bauklötzen. Den Stift hält das Kind ähnlich wie ein Erwachsener, jedoch mit unterschiedlichen Griffvariationen. Menschen werden häufig noch als Kopffüßler mit Armen, Beinen und Fingern gezeichnet. Das Kind kann mit einer altersgerechten Schere umgehen und oft schon wunderbar basteln.

Seine Muttersprache beherrscht es inzwischen **grammatikalisch korrekt,** verwendet den Plural und verschiedene Zeitformen Es kennt sein Alter sowie Vor- und Nachnamen und kann Gegensätze richtig angeben. Sein Wortschatz hat sich stark vergrößert und es kann dadurch Gegenstände genau beschreiben und Erlebnisse ausführlich erzählen. Dabei bildet das Kind **lange Satzreihen** mit *„und dann, und dann".* Sein Wissensdurst ist jetzt endlos. Die Frage nach dem **„Warum?"** treibt manche Eltern beinahe in den Wahnsinn – besonders, wenn sich aus den Antworten wieder neue Fragen ergeben. Das Kind handelt zunehmend selbstständiger und sucht sich auch **Bezugspersonen außerhalb der Familie.**

Durch sein **neues Ich-Bewusstsein** kämpft es heftig darum, seinen eigenen Willen durchzusetzen. Es zeigt sich daher in seiner Wut oft unkooperativ und trotzig. In dieser Zeit reift aber auch das **kindliche Gewissen** heran. Es will der Bezugsperson gefallen, Anerkennung und Liebe bekommen. Durch geduldige Erklärungen des Erwachsenen reift das Verständnis des Vierjährigen, warum bestimmte Verhaltensweisen gefährlich oder für andere verletzend sein können. Dadurch lernt das Kind Eigenverantwortung für sein Handeln zu übernehmen und sich in andere hineinzuversetzen.

Dieses Hineinversetzen übt es gerne und ausführlich in **Rollenspielen.** Es lernt die Welt der Erwachsenen besser zu verstehen, sich zu einigen und Kompromisse zu schließen. So findet das Kind seine eigene Identität und setzt sich mit seinem eigenen und dem anderen Geschlecht auseinander. Im Spiel finden sich als Spielpartner ältere und jüngere, gleich- und gegengeschlechtliche Kinder zusammen. Das Kind macht große Fortschritte in seiner **sozialen Entwicklung,** akzeptiert einfache Regeln und hat gelernt **mit Freunden zu teilen.**

Mit 4 Jahren zieht es sich allein ohne Anleitung an und kommt auch mit Knöpfen und Reißverschlüssen zurecht. Es **isst selbstständig mit Löffel und Gabel.** Tagsüber ist es inzwischen trocken, zum Teil auch schon nachts.

Spielerische Förderangebote

Je ausgereifter die Sprache des Kindes ist, umso mehr rücken auch Sprachspiele in den Vordergrund. Egal ob Abzählreime, Zungenbrecher, Rätsel oder Schreibverse – das Spiel mit der Sprache fordert das Kind, löst Spannungen und erheitert gleichzeitig.

Durch seine sprachlichen Fähigkeiten werden Rollenspiele jetzt immer ausgereifter. Kinder sind gerne ab und zu jemand anderes – eine Puppenärztin, ein wilder Tiger, Clown, Pirat oder Seeräuberin. Rollenspiele fördern die soziale Entwicklung und Fantasie. Sie ermöglichen es dem Kind aber auch, nach Lösungen für Konflikte zu suchen und seine ichbezogene Perspektive zu überwinden. Das Kind lernt mit Situationen, die es erschreckt haben, wie z. B. einem Arztbesuch, umzugehen und gewinnt so Sicherheit und Selbstvertrauen.

Mit 4 Jahren bewegt sich ein Kind geschickt und ist unermüdlich. Bewegungsspiele sind beliebt, fördern Fein- und Grobmotorik und machen abends wunderbar müde. Kinder wollen toben – und dann darf es auch ruhig mal richtig laut zugehen!

Zehengreifer

Mit den Zehen Gegenstände zu greifen ist für ein Kind eine feinmotorische Höchstleistung. Es bedarf viel Geschicklichkeit und trainiert zusätzlich den Gleichgewichtssinn.

Alter: ab 4 Jahren
Material: Stifte mit stumpfer Spitze, Wäscheklammern, Murmeln, Korb o. Ä.
Förderschwerpunkte: Fußmotorik, Geschicklichkeit, Einbeinstand, Gleichgewichtssinn

Die Kinder ziehen sich Schuhe und Strümpfe aus. Im Raum werden verschiedene kleine Gegenstände, z. B. Stifte, Wäscheklammern oder Murmeln auf dem Boden verteilt. In die Mitte des Zimmers wird ein Korb oder Eimer gestellt. Die Kinder müssen – allein mit den Zehen – so viele Gegenstände wie möglich vom Boden aufheben und zum Korb bringen, um sie hineinzuwerfen.

Nach einer Runde mit dem rechten Fuß ist der linke dran. Auf diese Weise wird auch die weniger geübte Seite trainiert.

Luftballon-Slalom

Alter: ab 4 Jahren
Material: Kreide oder Seile, Luftballons;
evtl. Kegel oder Plastikflaschen
Förderschwerpunkte: Grobmotorik,
Geschicklichkeit

Die Spielleitung markiert mit Kreidestrichen
oder Seilen eine Start- und eine Ziellinie auf
dem Boden.
Jedes Kind bekommt einen aufgeblasenen
Luftballon, den es zwischen seine Knie
klemmt. Die Kinder stellen sich an der Startlinie auf.
Auf ein Signal der Spielleitung bewegen sich
alle mit ihrem Luftballon zwischen den Knien
so schnell wie möglich zur Ziellinie. Die Art
der Fortbewegung steht jedem Kind frei: Es
kann laufen, springen, krabbeln, robben usw.
Das Kind, das als erstes mit seinem Luftballon
zwischen den Beinen die Ziellinie erreicht, hat
gewonnen. Verliert ein Kind den Luftballon
während des Spiels, muss es anhalten
und erst wieder den Luftballon
zwischen die Knie stecken.

Variante
Die Spielleitung stellt Kegel oder Plastikflaschen in zwei Reihen mit genügend Abstand
zueinander auf. Die Kinder gehen paarweise zusammen und treten im Slalom-
lauf gegeneinander an. Wer bringt den
Luftballon zwischen den Knien am
schnellsten ins Ziel, ohne dass ein Kegel
umfällt?

Tandemfahren

*Das Tandemfahren verlangt ein gutes Körper-
gefühl und Balancefähigkeit. Die Kinder müssen ihre Bewegungen aneinander anpassen
und aufeinander Rücksicht nehmen.*

Alter: ab 4½ Jahren
Förderschwerpunkte: Grobmotorik,
Koordination, Balance, Sensibilität,
Anpassungsfähigkeit

Zwei Kinder setzen sich einander gegenüber
auf den Boden und stützen sich mit den Händen nach hinten ab. Sie heben die Beine, stellen Fußsohle an Fußsohle und fahren so gemeinsam Rad. Am Anfang geht es noch langsam, aber dann wird es immer schneller!

Unfallverhütung im Straßenverkehr

Auch wenn das Kind mit 4 Jahren oft schon erstaunlich selbstständig agiert, ist es noch lange **nicht in der Lage, am Straßenverkehr unbeaufsichtigt teilzunehmen!** Es kann in diesem Alter weder die Geräusche eines herannahenden Fahrzeuges richtig lokalisieren, geschweige denn seine Geschwindigkeit abschätzen. Die **unzureichende Konzentration** und die **Spontaneität** des Kindes stellen zusätzlich ein hohes Risiko für den Straßenverkehr dar. Umso wichtiger ist das **Vorbildverhalten der Erwachsenen** und das Trainieren von Alltagssituationen im Straßenverkehr: Das Kind sollte nur an der Hand eines Erwachsenen die Straße überqueren. Vorher wird das **korrekte „Links-rechts-links-Schauen"** gemeinsam durchgeführt und laut kommentiert. Der Weg über die Straße wird zügig, aber ohne zu rennen auf dem kürzesten Weg zurückgelegt. Natürlich sind **Zebrastreifen und Fußgängerampeln,** auch wenn diese einen Umweg bedeuten, zu bevorzugen. Ist das Kind mit dem Laufrad unterwegs, darf es nur auf dem Gehweg fahren. Das Anhalten an jeder – noch so kleinen – Querstraße ist Pflicht, ein **Fahrradhelm ein absolutes Muss.**

Pustefedern

Alter: ab 4 Jahren
Material: Federn
Förderschwerpunkte: Koordination von Atmung und Bewegung, Mundmotorik, Geschicklichkeit, Durchhaltevermögen

Jedes Kind erhält eine Feder. Es wirft sie in die Luft und pustet immer wieder von unten dagegen, um sie so lange wie möglich in der Luft zu halten. Wer hat die meiste Puste und lässt seine Feder am längsten in der Luft tanzen?
Achtung: Das Spiel sollte nicht sofort wiederholt werden, um Schwindelgefühle durch übermäßiges Pusten zu vermeiden. Wird einem Kind trotzdem schon in der ersten Runde schwindelig, sorgt die Spielleitung dafür, dass es sich hinsetzt und eine Weile ausruht.

Dreibeinlauf

Der Dreibeinlauf lässt sich nur gemeinsam gewinnen. Neben Koordination wird so der Teamgeist der Kinder gefördert.

Alter: ab 4½ Jahren
Material: Kreide oder Seile, 1 Tuch für die Hälfte der Kinder
Förderschwerpunkte: Grobmotorik, Koordination, Teamgeist

Je zwei Kinder stellen sich nebeneinander auf und binden zwei Beine mit einem Tuch für den Dreibeinlauf zusammen.
Die Spielleitung markiert eine Start- und eine Ziellinie.
Immer zwei Spielpaare treten gegeneinander an und rennen um die Wette. Wer gewinnt den Dreibeinlauf?
Tipp: Der Dreibeinlauf sollte auf einer Wiese oder auf weichem Boden durchgeführt werden, damit sich im Falle eines Sturzes kein Kind verletzt.

Tast-Kim

Durch das Tast-Kimspiel konzentriert sich das Kind bewusst auf das, was die Fingerspitzen erfühlen. Die Wahrnehmungsfähigkeit wird durch das Erspüren der Gegenstände gefördert und die Beschreibung des Objekts unterstützt die sprachliche Entwicklung.

Alter: ab 4½ Jahren
Material: Stoffsack, mind. 1 kleiner Gegenstand pro Kind (z. B. Wäscheklammer, Nuss, Knopf, Löffel, Stift, Schlüssel, Stein, Münze, Murmel …)
Förderschwerpunkte: Tastsinn, Sprachentwicklung, Konzentration

Die Spielleitung füllt die Gegenstände in den Stoffsack, ohne dass die Kinder diese vorher sehen.
Alle sitzen im Kreis. Ein Kind erhält den Stoffsack und greift mit beiden Händen hinein. Es entscheidet sich tastend für einen Gegenstand – natürlich ohne heimlich in den Sack zu spähen – und beschreibt ihn. Kann es den Gegenstand benennen, holt es ihn heraus und zeigt ihn allen MitspielerInnen. Hat das Kind richtig getastet, kann es den Gegenstand behalten. Hat es den Gegenstand nicht richtig erkannt, kommt er zurück in den Sack. In jedem Fall ist das nächste Kind an der Reihe. Das Spiel wird so lange fortgesetzt, bis alle Gegenstände im Sack erkannt wurden.

Geräusche-Kim

Alter: ab 4 Jahren
Material: Musikinstrumente (z. B. Triangel, Schellen, Rasseln, Trommel, Klangschale etc.), großes Tuch
Förderschwerpunkte: auditive Wahrnehmung, räumliche Orientierung, Merkfähigkeit

Die Spielleitung zeigt den Kindern verschiedene Instrumente, benennt sie und spielt kurz auf ihnen.
Die Kinder verteilen sich im Raum, setzen sich auf den Boden und schließen die Augen. Die Spielleitung legt alle Instrumente in der Mitte des Raums unter einem Tuch verdeckt bereit. Sie nimmt ein Instrument, geht so leise wie möglich in eine Raumecke und spielt darauf. Die Kinder zeigen mit der Hand in die Richtung, in der sie die Tonquelle vermuten. Die Spielleitung spielt so lange auf dem Instrument, bis alle Kinder in eine Richtung zeigen, und versteckt dann das Instrument hinter ihrem Rücken.
Verstummt der Klang, öffnen die Kinder ihre Augen und können direkt überprüfen, ob sie die Klangrichtung gut wahrnehmen konnten und mit der Hand zur Spielleitung zeigen. Wer kann nun auch noch sagen, welches Instrument zu hören war?

Variante
Die Gruppe überlegt gemeinsam, welche Geräusche der eigene Körper machen kann, z. B. klatschen, schnipsen, pfeifen etc. Die Kinder schließen die Augen und erraten, welche Geräusche die Spielleitung macht und aus welcher Richtung sie kommen.

Du schöner Stein

Text: Stefanie Zysk

Was bist du für ein schöner Stein,
liegst auf meiner Hand so fein,
in meine Faust passt du genau,
bist hell mit etwas Dunkelgrau.
Hast einen schmalen weißen Streifen,
rundherum, fast wie ein Reifen,
kannst sogar ein bisschen funkeln,
nur in der Sonne, nicht im Dunkeln.
Ab jetzt bist du für immer mein,
du schöner, glatter Lieblingsstein!

Alter: ab 4 Jahren
Material: viele Steine
Förderschwerpunkte: visuelle Wahrnehmung, Sensibilität, Sprachentwicklung

Bei einem Spaziergang bekommen die Kinder die Aufgabe, sich ihren Lieblingsstein zu suchen. Bei der Auswahl sollen Form, Farbe und das Gefühl, wie der Stein in der Hand liegt, eine Rolle spielen.
Jedes Kind darf später seinen Stein zeigen und erzählen, was ihm daran gefällt.
Zum Abschluss wird das Gedicht vorgelesen. Hat vielleicht sogar jemand den Stein, der dort beschrieben wird, gefunden?

Nur nicht lachen!

Alter: ab 4 Jahren
Förderschwerpunkte: visuelle Wahrnehmung, Kontaktaufnahme, Konzentration

Zwei Kinder setzen sich einander paarweise gegenüber und starren sich an. Wer hält es am längsten aus, ohne zu lachen? Durch abwechselndes Grimassenschneiden oder Geräuschemachen wird es noch schwerer, ernst zu bleiben.

Sandbilder

Sandbilder haben durch ihre Struktur eine besondere Wirkung. Sandbilder mit Mustern sehen indianischen Kunstwerken ähnlich.

Alter: ab 4 Jahren
Material: große Bögen Papier, Klebstoff, Sand; evtl. verschiedene grobe und feine Sandarten, bunter Bastelsand, Bleistifte
Förderschwerpunkte: Feinmotorik, Kreativität

Jedes Kind erhält einen großen Bogen Papier und Klebstoff.
Mit dem Klebstoff zeichnen die Kinder Motive ihrer Wahl auf das Papier, z. B. ein Segelboot, Wellen, Sonne, ein Haus oder einfache Muster wie Zickzack-Linien, Spiralen etc.
Zum Schluss wird Sand über das Papier gestreut, der an den Klebestellen haftet.
Die Kinder heben ihr Sandbild vorsichtig hoch und schütteln den Sand, der nicht am Klebstoff hängen geblieben ist, ab.
Falls notwendig können einzelne Stellen nachgebessert werden, bevor alles zum Trocknen zur Seite gelegt wird.

Variante

Die Bilder werden noch facettenreicher, wenn die Kinder verschiedene Sandarten (grob oder fein) verwenden. Auch mit gefärbtem Sand aus dem Bastelgeschäft können tolle Sandkunstwerke geschaffen werden.

Tipp: Die Kinder müssen beim Auftragen des Klebstoffs schnell arbeiten, damit dieser nicht zu früh trocknet. Dazu kann es ihnen helfen, das Motiv mit Bleistift vorzuzeichnen.

Kreidemalerei

Mit Kreiden zu malen bietet eine wunderbare Gelegenheit an der frischen Luft zu sein. Jedes Kind kann für sich allein seine Kunstwerke auf die Straße malen oder alle gestalten zusammen ein großes Kunstwerk.

Alter: ab 4 Jahren
Material: viele bunte Kreiden
Förderschwerpunkte: Kreativität, Feinmotorik, Sprachentwicklung

Die Kinder erhalten einige Eimer mit Kreide. Die Spielleitung gibt ein gemeinsames Thema vor, z. B. „Eine bunte Blumenwiese" oder „Wie sieht unser Kindergarten aus?"
Jedes Kind sucht sich einen Platz für seine Malerei.
Am Ende wird das Gesamtkunstwerk gemeinsam betrachtet. Nacheinander darf jedes Kind seine Zeichnung zeigen und erklären.

Kleine ZeichenkünstlerInnen

Im Alter von 4 Jahren sind Kinder schon wahre ZeichenkünstlerInnen. Das Malen ist für sie eine eigene Art der Kommunikation, eine **Sprache in Bildern.** Erwachsene müssen Kindern das Zeichnen deshalb nicht beibringen. Genauso wie sich das Sprechen entwickelt, entwickelt sich auch das Malen. Was mit ersten Kritzeleien beginnt und völlig unbekümmert erscheint, wird im Alter von drei bis vier Jahren zur Darstellung des ersten Menschen, dem sogenannten **Kopffüßler.** Es wird nicht lange dauern, bis das Bild detaillierter wird: Augen, Nase, Mund und Haare schmücken den Kreis mit den abstehenden Extremitäten. Zwischen den Beinen findet sich dann häufig ein kleiner, aber sehr bedeutsamer Punkt: der Bauchnabel. Dieser Nabel wird bald seinen Platz auf dem Bauch finden, der nun als noch etwas undifferenzierter „Körperkreis" zwischen Kopf und Extremitäten eingeschoben wird (vgl. Seitz 1995, S. 48). Es gibt noch keine Größenrelationen, sondern **Ausdrucksproportionen,** d.h. das Kind zeigt durch die Wahl der Größe, was wichtig und bedeutsam ist und was nicht. Auch die **Farbe** spielt in diesem Alter eine entscheidende Rolle. So kann ein Mensch, den das Kind gerne mag, komplett in seiner Lieblingsfarbe, z. B. grün, angemalt sein. Die Farbe wird also gezielt gewählt, um Gefühle und Stimmungen darzustellen. Kinder erklären gerne und ausführlich, was sie gemalt haben – und Erwachsene tun gut daran, auf eigene voreilige Deutungen zu verzichten, denn meist brauchen wir die kindlichen Erklärungen, um uns in die Bilderwelt einzufühlen.
Das Malen ist für viele Kinder eine gute Gelegenheit, um sich zu **entspannen,** in sich selbst zu ruhen oder nachzudenken. Das Kind gewinnt durch das Zeichnen **Sicherheit und Selbstvertrauen.** Außerdem lernt es, sich auf eine Sache zu konzentrieren und mit ihr auseinanderzusetzen. Die Stifthaltung ist eine gute feinmotorische Übung. Für das Kind steht im Vordergrund, sich in seinem Bild mitzuteilen – und das kann es besser als wir Erwachsenen, denn es ist spontan, offen und frei von Zwängen.
Malvorlagen in Heften oder Blöcken etc. können bei Vorschulkindern eine genaue Stiftführung trainieren, um die vorgegebenen Linien einzuhalten, sind aber kein Ersatz für eigene, frei gestaltete Bilder. Große Formate, z. B. DIN A3 oder Tapetenrollenstücke, unterstützen die Kinder ebenfalls im kreativen Selbstausdruck.

Überraschungsformen

Alter: ab 4½ Jahren
Material: Papier, Stifte; evtl. Lampe
Förderschwerpunkte: visuelle Wahrnehmung, Kreativität, Feinmotorik, Fantasie

Die Kinder reißen aus Papier verschiedene Formen aus. Durch längeres Betrachten und Drehen können Tiere, Geister, Gemüsesorten etc. erkannt werden.
Entsprechend malen die Kinder ihre Figuren mit Stiften an. Erkennen auch die anderen Kinder die Maus, das Gespenst oder den Apfel mit Wurm?

Variante

Die Kinder halten ihre Formen vor eine Lichtquelle. Wie sehen die Schatten aus? Was erkennen sie jetzt darin?

Geschmückte Kiefernzapfen

Alter: ab 4½ Jahren
Material: Kiefernzapfen, Blüten, Gräser etc.
Förderschwerpunkte: Feinmotorik, Konzentration, Kreativität, Naturerfahrung

Auf einem Waldspaziergang sammeln die Kinder Kiefernzapfen, kleine Blüten und Gräser.
Jedes Kind schmückt seinen Kiefernzapfen nach Belieben aus. Dafür kürzt es die Stängel der Blüten und Gräser soweit notwendig und steckt diese zwischen die Schuppen des Zapfens. Das erfordert Geschick und Geduld. Jeder Zapfen wird so zu einem individuellen Kunstwerk.
Tipp: Als Tischdekoration für ein Fest sehen die Zapfen bezaubernd aus und bringen angenehmen Waldduft ins Zimmer.

Wassermusik

Es gibt kaum etwas, das so anregend für Körper und Geist ist wie die Musik. Daher spielt sie auch in allen Kulturen der Welt eine wichtige Rolle. Durch Musik wird unser Gehirn leistungsfähiger. Das Konzentrationsvermögen wird verbessert, Gedächtnis und Kreativität werden gefördert. Kinder lernen das genaue Zuhören und Wahrnehmen. Die Melodik in der Musik unterstützt die Sprachentwicklung.

Alter: ab 4 Jahren
Material: Gläser, Gießkanne, Löffel
Förderschwerpunkte: auditive Wahrnehmung, Musik

Alle Gläser werden nebeneinander gestellt und mit unterschiedlichen Wassermengen gefüllt.
Mit einem Löffel schlagen die Kinder vorsichtig gegen die Gläser. Welches Glas macht hohe Töne, welches tiefe?
Nach Gehör sortieren die Kinder die Gläser in der richtigen Reihenfolge: die tiefen Töne links, die hohen Töne rechts.
Kann ein Kind eine selbst ausgedachte Melodie auf den Gläsern spielen – oder sogar ein einfaches bekanntes Lied?

Das große Rätselraten

Rätsel- und Ratespiele sind bei Kindern sehr beliebt. Das Raten schärft das Gedächtnis und sie sind stolz, wenn sie die Lösung als Erste gefunden haben. Aber auch das Erfinden von Rätseln bereitet Kindern großen Spaß. Es setzt vorab eine gute Beobachtungsgabe voraus und ein Verständnis für die vereinbarten Regeln. Die Mitspieler auf die Probe zu stellen und sich mit ihnen zu messen, bringt eine besondere Spannung ins Spiel.

Alter: ab 4½ Jahren
Förderschwerpunkte: Sprachentwicklung, Wortschatz, Konzentration

Nacheinander denkt sich jedes Kind ein Tier aus und beschreibt es. Unterstützende Fragen der anderen Kinder und der Spielleitung können sein: *„Wo es lebt? Wie sieht es aus? Was frisst es?"* Das Kind erzählt z. B.: *„Das Tier, das ich meine, lebt im Wald. Es ist klein, kann aber schwer tragen. Es lebt mit vielen anderen in einem großen Haufen ..."*
Das Kind, das als erstes die richtige Lösung gerufen hat, darf das nächste Tier beschreiben.

Variante ab 5 Jahren
Die Kinder raten Obst- und Gemüsesorten, Berufe oder Gegenstände aller Art.

Zungenbrecher
Texte: Stefanie Zysk

Drei dicke Dromedare donnern durch die Dünen.
Durch die Dünen donnern drei dicke Dromedare.

Lautlos landet ein lila Luftballon links neben Lollis lutschenden Lamas – und platzt!

Sehr süß sind Siebenschläfer, solange sie schlafen.
Solange sie schlafen, sind Siebenschläfer süß.

Riesige Regentropfen rinnen rastlos an regennassen Rollläden herunter.

Popcorn, Popcorn,
komm, Popcorn, poppen,
denn Popcorn poppt kolossal.

Wenn wilde Wölfe wütend werden,
werden wütende Wölfe wild.

Alter: ab 4 Jahren
Förderschwerpunkte: Sprachentwicklung, Sprachfluss, Artikulation, Mundmotorik, Frustrationstoleranz

Zungenbrecher trainieren auf spielerische Weise eine korrekte Aussprache. Während jedes einzelne Wort nicht besonders schwierig ist, wird die Aneinanderreihung ähnlich klingender Wörter und gleichartiger Laute eine Herausforderung. Die Wortspiele machen den Kindern großen Spaß und fördern gleichzeitig die richtige Artikulation, Konzentration und Sprechgeschwindigkeit. Zungenbrecher nehmen Kindern aber auch die Angst Fehler zu machen, denn Versprecher sind in diesem Fall geradezu erwünscht und bringen alle gemeinsam zum Lachen.

Das Gewitter

Text: Stefanie Zysk

Alter: ab 4 Jahren
Förderschwerpunkte: Sprachverständnis, Umsetzen sprachlicher Anweisungen, Merkfähigkeit

Der Regen tröpfelt erst ganz leicht auf Straßen, Wiese und den Teich.	*Finger tippen leicht auf den Boden*
Es regnet stärker, Wind kommt auf, das Gewitter nimmt seinen Lauf.	*Finger klopfen stärker auf den Boden* *vorsichtiges Pusten*
Dunkle Wolken aufgetürmt, Donnergrollen und es stürmt. Tropfen prasseln laut hernieder, Blitze zucken immer wieder.	*kreisende Armbewegungen als Wolkenberge* *Fußgetrampel, starkes Blasen* *Finger trommeln laut auf den Boden* *in die Hände klatschen*
Auf einmal wird der Himmel hell, zwischen den Wolken leuchten grell die ersten gelben Sonnenstrahlen, die einen Regenbogen malen.	*nach oben zeigen* *Hände über die Augen halten* *Halbkreis in der Luft beschreiben*
Die Wiese ist schon wieder trocken, hörst du die Vögel laut frohlocken? Atme ein, die Luft ist klar. Was das für ein Gewitter war!	*über den Boden streichen* *pfeifen* *tiefes Einatmen* *zurücklegen und ausruhen*

Die Kinder sitzen im Kreis auf dem Boden. Die Spielleitung spricht das Gedicht langsam vor, während alle gemeinsam die passenden Bewegungen und Laute zu den Versen machen.

Kühlschrank füllen

Alter: ab 4½ Jahren
Förderschwerpunkte: Sprachentwicklung, Wortschatz, Merkfähigkeit, Konzentration

Alle Kinder sitzen im Kreis. Ein Kind beginnt mit den Worten: *„Ich habe für das Wochenende eingekauft und stelle in meinen Kühlschrank eine Flasche Limonade".*
Der Nächste wiederholt den Gegenstand des Vorgängers und fügt einen weiteren hinzu. Wer in den darauf folgenden Runden einen Gegenstand vergisst, scheidet aus – allerdings dürfen die Gegenstände in einer anderen Reihenfolge genannt werden.
GewinnerIn ist, wer sich bis zum Schluss an alle genannten Gegenstände im Kühlschrank erinnern kann.

Tipps:
- Vorab sollte geklärt werden, ob im Kühlschrank nur Platz findet, was dort auch hingehört, oder ob auch eine Fahrradklingel, ein Teddy oder ein neues Paar Badeschuhe dabei sein darf. Gerade der „Quatsch-Kühlschrank" macht Kindern besonders viel Spaß.
- Bei 4- bis 5-Jährigen sollte nach max. acht Kühlschrank-Zutaten eine neue Runde begonnen werden.

Variante ab 5 Jahren
Die Gegenstände sollen nicht durcheinander, sondern in der richtigen Reihenfolge genannt werden.

Verrückte Geschichten

Für Kinder haben Märchen und Fantasiegeschichten eine große Bedeutung. Sie machen Mut, da meist der Kleinste oder Schwächste gewinnt. Märchen vermitteln Werte, das „Gute" und das „Böse" sind klar definiert und dadurch für dieses Alter angemessen schematisiert. Probleme werden gelöst und es lohnt sich, anderen zu helfen und für seine Ziele zu kämpfen.
Wenn Kinder selbst Geschichten erfinden, sind sie oft voller Fantasie und erscheinen einem Erwachsenen wunderlich. Doch die kleinen ErzählerInnen haben riesige Freude daran.

Alter: ab 4 Jahren
Material: Kissen und Decken
Förderschwerpunkte: Sprachentwicklung, Kreativität, auditive Wahrnehmung

Auf dem Boden werden Kissen und Decken verteilt, um eine gemütliche Atmosphäre zu schaffen. Die Kinder setzen sich um den Erwachsenen herum.
Dieser beginnt eine frei erfundene Geschichte zu erzählen. Dabei lässt er immer wieder den letzten Teil eines Satzes weg und ein Kind darf bestimmen, wie die Erzählung weitergeht. Die Geschichte könnte z. B. so lauten:
„Vor langer, langer Zeit lebte in einem großen Schloss ein …"
„… mutiges Mädchen."
„Als das mutige Mädchen eines Tages bis in die höchste Zinne des Schlosses kletterte, fand es hinter einer Holztür …"
„… eine Truhe."
„Es öffnete ganz langsam den schweren Deckel und entdeckte voller Verwunderung …"

Achtung: Das ist auffällig!

Das Kind im Alter von 4 Jahren sollte einem Arzt vorgestellt werden, wenn es

- nicht in der Lage ist, mehrere Sekunden auf einem Bein zu stehen,
- nicht ein- und beidbeinig hüpfen kann,
- eine Treppe nicht im Wechselschritt hinauf und hinab geht,
- keine Perlen auffädeln oder einen Kreis mit einer Schere ausschneiden kann,
- noch keine „Kopffüßler" zeichnet,
- sich nicht selbstständig anzieht und dabei auch Knöpfe auf- und zuknöpft,
- sich nicht längere Zeit mit einer Sache allein beschäftigt,
- keine Spielregeln befolgt,
- sich nur schlecht im Kindergarten oder in Spielgruppen integriert,
- die Grundfarben nicht benennt,
- unverständlich spricht,
- einfache Fragen nicht beantwortet oder Sätze weiterführt, z. B.: *„Was machst du, wenn du durstig bist?"* oder *„Der Elefant ist groß, die Maus ist …?"*

FIT FÜR DIE SCHULE
Das Kind mit 5 Jahren

U9
60.–64.
Monat

Fünf Jahre sind seit der Geburt des Kindes vergangen und der Eintritt in die Schule steht bevor. Aus dem eher rundlichen kleinen Kind ist ein Vorschulkind geworden, dessen Aussehen und Bewegungen zunehmend ausgereifter sind.

Doch auch sozial macht das 5-jährige Kind große Fortschritte. Es lernt, sich selbst zurückzunehmen und kann sich in einer Gruppe unterordnen. Verabredete Regeln hält es ein und entwickelt ethische Vorstellungen. Ein Vorschulkind kann in einem einfachen Sinn richtig und falsch unterscheiden. Besonders wichtig ist jetzt das Verhalten der Erwachsenen, denn es hat Vorbildfunktion. Dadurch lernt das Kind schon früh den angemessenen Umgang mit seinen Mitmenschen und die Wertvorstellungen unserer Gesellschaft kennen. Die Familie steht jetzt nicht mehr im alleinigen Interesse des Kindes. Es orientiert sich an Gleichaltrigen und verbringt gerne einige Stunden am Nachmittag bei einem Freund oder einer Freundin. Das Kind entwickelt eine neue Autonomie und freut sich auf den bevorstehenden Lebensabschnitt: den Eintritt in die Schule.

Schau, was ich schon alles kann!

Zwischen 5 und 6 Jahren wandelt sich die **äußerliche Gestalt** des Kindes, seine Proportionen verändern sich und es wirkt länger und schlanker. Die Bewegungen werden harmonischer und denen eines **Erwachsenen immer ähnlicher.** Das Kind trainiert und verbessert ohne Unterlass seine Fähigkeiten. Auch komplizierte Bewegungsabläufe kann es inzwischen problemlos ausführen. Es kann 10 Sekunden auf einem Bein stehen und auf einem Bein hüpfen. Es fängt einen aufgeprallten Ball und **fährt sicher Fahrrad** ohne Stützräder.

Beim Spiel sitzt es gerne im Schneidersitz. Die **Feinmotorik ist weit entwickelt,** jedoch noch nicht so ausgereift wie bei einem älteren Schulkind. In diesem Alter essen Kinder selbstständig mit Löffel, Gabel und Messer. Sie ziehen sich ohne Hilfe an und aus und kommen auch mit Knöpfen, Reißverschlüssen etc. allein zurecht.

Der **Stift** wird **im Erwachsenengriff** gehalten, die Fingerstellung zeigt aber oft noch Variationen. Das Kind kann **in Druckbuchstaben seinen Namen schreiben** und einen Radiergummi benutzen. Im Zeichnen und Basteln sind Mädchen meist geschickter und ausdauernder als Jungen, die oft lieber beim Fußballspielen ihrem Bewegungsdrang Luft machen.

Das 5-jährige Kind spricht seine **Muttersprache grammatikalisch korrekt** und verfügt über einen **aktiven Wortschatz von mehr als 2000 Wörtern,** während es etwa 10.000 Wörter versteht. Die Sprachentwicklung und der Umfang des Wortschatzes stehen in einem engen Zusammenhang mit dem häuslichen Milieu, in dem das Kind aufwächst. Die Aussprache sollte vor dem Schuleintritt fehlerfrei sein.

Ein 5-jähriges Kind spielt gerne mit Gleichaltrigen, ist in der Lage, sich dabei einfachen Regeln zu unterziehen und achtet fremdes Eigentum. **Symbol- und Rollenspiele** stehen im Vordergrund. Vorschulkinder **zählen vorwärts bis 20** und weiter sowie auch **von 5 rückwärts.** Sie betrachten Bilderbücher genau und lernen den Wortlaut mehrfach vorgelesener Sätze schnell auswendig. Das Kind **unterscheidet rechts und links,** kennt seinen **vollen Namen, Alter und Adresse.** Es kann sich für längere Zeit auf eine Aufgabe konzentrieren und hört genau zu. Wenn es Inhalte nicht verstanden hat, stellt es Rückfragen. Das Kind kann seine persönliche Leistungsfähigkeit gut einschätzen. Die **Frustrationstoleranz** gegenüber Misserfolgen **nimmt langsam zu.**

Das schulbereite Kind freut sich darauf Neues zu lernen und ist stolz, bald der Gemeinschaft der „großen Schulkinder" anzugehören.

Spielerische Förderangebote

Kinder in diesem Alter lieben Symbol- und Rollenspiele, die in ihrem Aufbau inzwischen deutlich komplexer sind. Die Rollen werden vorher klar verteilt und der Spielablauf oft ausführlich besprochen. Die Kinder gestalten diese Spielwelt nach ihren eigenen Vorstellungen und Wünschen. Dabei verarbeiten sie reale Erlebnisse, aber auch Emotionen und fantastische Inhalte. Voraussetzung für die Rollenspiele ist das Loslösen des Kindes vom eigenen Ich. Inzwischen ist es sich seiner eigenen Person bewusst. Dadurch ist es in der Lage, sich im Spiel von seinem Ego freizumachen, um in einen anderen Charakter zu schlüpfen. Das Wechseln zwischen Realität und Fantasie sowie das Besprechen der Spielhandlung fördern die kognitiven Fähigkeiten des Kindes. Außerdem stellt das Rollenspiel eine wichtige Form der Auseinandersetzung zwischen sich selbst und seiner Umwelt dar.

Da sich in diesem Alter Kinder gerne in größeren Gruppen beschäftigen und organisieren, bekommen Regelspiele immer mehr Bedeutung. Bei dieser Spielart wird der Freiraum zwar deutlich eingeschränkt, sie macht jedoch ein geordnetes Miteinander möglich und ist wichtig für den Umgang mit der Rolle als „Siegerln" oder „Verliererln" – die Frustrationstoleranz wird erhöht. Die erfolgreiche Teilnahme am Schulunterricht wird nur durch gemeinschaftliches Einhalten von Abmachungen und einen entsprechenden Umgang mit Erfolg und Misserfolg möglich sein.

Fangen und erlösen

Ein tolles Fangspiel zum Austoben, das auch den Teamgeist fördert.

Alter: ab 5 Jahren
Förderschwerpunkte: Grobmotorik, Teamgeist

Ein Kind wird zum Fänger. Wird ein Mitspieler vom Fänger berührt, bleibt er mit gegrätschten Beinen stehen. Erst wenn ein anderer Mitspieler zwischen seinen Beinen hindurchgekrochen ist und laut *„erlöst"* gerufen hat, darf der Gefangene wieder mitspielen.
Sind alle Kinder gefangen, wird ein neuer Fänger bestimmt.
Was für ein Toben, Rennen und Rufen – und was für ein Erfindungsreichtum, auf welche Weise die Kinder durch die gegrätschten Beine kriechen, krabbeln oder sogar hechten!

Stein-Boccia

Alter: ab 5 Jahren
Material: Steine, wasserfester Stift, Kreide oder Seile
Förderschwerpunkte: Hand-Auge-Koordination, Geschicklichkeit, Entfernungen einschätzen

Jedes Kind sucht sich zwei Steine. Diese markiert es mit einem Zeichen (z. B. Stern, Sonne, Gesicht) oder seinem Namen.
Ein zusätzlicher Stein wird als Zielstein benutzt.
Die Spielleitung markiert mit Kreide oder Seilen eine Startlinie auf dem Boden.
Alle Kinder stellen sich an der Linie auf und ein Kind in der Mitte darf den Zielstein werfen. In zwei Runden wirft jedes Kind je einen Stein so nahe wie möglich an den Zielstein.
Es gewinnt das Kind, dessen Stein nach der zweiten Runde dem Zielstein am nächsten liegt. Das Siegerkind darf den Zielstein für die neue Runde werfen.

Wäscheklammer-Jagd

Alter: ab 5 Jahren
Material: Wäscheklammern
Förderschwerpunkte: Grob- und Feinmotorik, Reaktionsvermögen

Jedes Kind befestigt eine Wäscheklammer an seinem Ärmel.
Der Fänger erhält keine und schnappt sich eine Klammer von einem der Mitspieler, der nun die Rolle des Fängers übernimmt.

Variante

Bestimmte Stützpunkte, zB. ein Baum oder ein Stuhl im Raum, können vor Spielbeginn als Ruhezone vereinbart werden, in der ein Kind nicht gefangen werden darf. Es darf sich immer nur ein Spieler in der Ruhezone befinden. Kommt ein anderer Spieler hinzu, muss das Kind, das sich als erstes ausgeruht hat, wieder loslaufen.

Übergewicht

Durch veränderte Lebensgewohnheiten hat in den letzten Jahrzehnten der Anteil übergewichtiger Kinder in den Industrienationen deutlich zugenommen. Die Ursachen sind in **kalorienreicher Ernährung** und **Bewegungsmangel** zu sehen. **Computerspiele** und **übermäßiges Fernsehen** führen zu einem verringerten Energieverbrauch bei gleichzeitig hoher Kalorienzufuhr durch Fastfood und Softdrinks. Schon bei Kindern nach dem 3. Lebensjahr werden inzwischen **vermehrt Gesundheitsstörungen durch Fettleibigkeit** festgestellt. Gerade Eltern und ErzieherInnen sind hier in ihrer **Vorbildfunktion** gefragt. Durch **unterschiedliche sportliche Angebote** und **bewusste Ernährung** wird schon in den ersten Lebensjahren der Grundstein für ein gesundes Leben gelegt.

Pusteball

Alter: ab 5 Jahren
Material: rechteckiger Tisch, Tischtennisball, 2 Schuhkartons
Anzahl: max. 10 Kinder
Förderschwerpunkte: Geschicklichkeit, Reaktionsvermögen, Kooperation

An den kurzen Tischseiten werden zwei Tore aus den leeren Schuhkartons aufgestellt.
Die Kinder bilden zwei Teams und je ein Kind wird zum Torwart gewählt.
Der Tischtennisball wird in die Mitte des Tisches gelegt und die Kinder verteilen sich so um den Tisch herum, dass sich die SpielerInnen der Teams abwechseln (A–B–A–B ...). Die TorwartInnen positionieren sich hinter ihrem Tor.
Auf ein Signal der Spielleitung beginnt das Spiel. Welches Team pustet zuerst den Ball ins gegnerische Tor?
Nach max. 5 Min. werden die Seiten gewechselt. Das Team, das nach zwei Halbzeiten die meisten Tore gepustet hat, gewinnt.

Variante
Das Spiel ist auch zu zweit möglich. Dann ist jedes Kind SpielerIn und TorwartIn zugleich.

Luftballon kreisen

Spiele in der Gruppe fördern das Zusammengehörigkeitsgefühl. Die Geschicklichkeit des Einzelnen verbunden mit Teamgeist sind Voraussetzungen, damit dieses Spiel gelingen kann.

Alter: ab 5½ Jahren
Material: Luftballons
Förderschwerpunkte: Geschicklichkeit, Körperspannung, Kooperation

Alle Kinder sitzen in einem engen Stuhlkreis und strecken die Beine in die Mitte.
Ein Luftballon wird auf die Füße eines Kindes gelegt. Dieses gibt den Luftballon vorsichtig an seinen Nachbarn weiter. Dabei dürfen nur die Füße und Beine benutzt werden und der Luftballon darf nicht herunterfallen. Wer seine Hände zu Hilfe nimmt, scheidet aus.
Schaffen es die Kinder, den Luftballon eine ganze Runde kreisen zu lassen?

Variante für Geübte
Die Spielleitung bringt mehrere Luftballons gleichzeitig in Umlauf.

Rückenbilder

Der Mensch kann an Finger- und Zungenspitze alles sehr genau wahrnehmen, unser Tastsinn am Rücken ist dagegen deutlich schlechter ausgeprägt. Rückenbilder zu erkennen erfordert daher besonders viel Konzentration.

Alter: ab 5 Jahren
Förderschwerpunkte: Sensibilität, Konzentration, Feinmotorik

Zu Beginn überlegt die Spielleitung gemeinsam mit den Kindern, welche einfachen Formen und Figuren als Rückenbilder geeignet sind. So lassen sich z. B. ein Kreis, Dreieck, Viereck, Haus, eine Sonne, Schnecke oder Blume leicht darstellen. Aber auch Zahlen von Eins bis Fünf sind möglich.
Die Kinder gehen paarweise zusammen und setzen sich hintereinander auf den Boden. Das hintere Kind malt auf den Rücken seines Spielpartners die besprochenen Formen und Figuren, später vielleicht auch selbst ausgedachte. Hat das Ratekind ein Bild richtig erkannt, wird gewechselt.
Tipp: Dieses Spiel ist gar nicht einfach: Der Maler muss sehr präzise und möglichst groß zeichnen, während das Ratekind sehr konzentriert wahrnimmt – und dennoch wird es niemandem glücken, jedes Bild zu erraten!

Schnurkunst

Alter: ab 5 Jahren
Material: lange Schnur oder Kordel
Förderschwerpunkte: visuelle Wahrnehmung, Feinmotorik, Kreativität

Die Kinder setzen sich in einen Kreis und eines erhält eine lange Schnur.
Die Spielleitung flüstert dem Kind einen einfachen Gegenstand, eine Form oder ein Tier ins Ohr, das es mit der Schnur auf dem Boden in der Kreismitte darstellen soll, z. B. einen Fisch, den Mond, einen Baum, ein Haus, einen Pilz usw. Wer als Erstes richtig geraten hat, darf das nächste Schnurbild legen.

Variante

Im Spielverlauf haben viele Kinder eigene Ideen für Schnur-Bilder.

Die Jahreszeiten

Text: Stefanie Zysk

Spürst du den warmen Sonnenschein?
Komm, lassen wir den Frühling rein.
Der letzte Schnee, er schmilzt hinfort,
Blumen sprießen da und dort.
Winzige Knospen an den Bäumen
wollen erwachen und nichts versäumen.
Vögel singen ihre Lieder:
Endlich kommt das Frühjahr wieder!

Vor Hitze schwirrt die Sommerluft,
Bienensummen, Blumenduft.
Mit dem Sommer kommt die Hitze,
Gewitterstimmung, Donner, Blitze.
Länger werden nun die Tage,
hab' Acht vor der Mückenplage.
Milde Nächte, sternenklar,
schönste Zeit im ganzen Jahr.

Nach des Sommers heißer Schwüle
kommt der Herbst mit seiner Kühle,
Nebelschwaden, Nieselregen,
Drachen steigen, Blätter fegen,
leises Tröpfeln, Hagel, Donner,
wie vermissen wir den Sommer.
Graue Tage, Sturmgebraus –
husch, husch, Kinder, schnell ins Haus!

Doch dann am Morgen, still und leis',
ist auf einmal alles weiß,
Millionen Flocken fallen sacht,
der Schnee zeigt seine ganze Pracht.
Plötzlich kommt ein Sonnenstrahl,
es glitzert, funkelt überall.
Komm, leg dich in den Schnee hinein,
dein Abdruck wird ein Engel sein.

Fantasiereisen wirken entspannend und bringen Kindern Ruhe und Erholung. Die erzählte Geschichte regt die Fantasie an und angenehme Bilder bauen sich vor den geschlossenen Augen auf.

Alter: ab 5$\frac{1}{2}$ Jahren
Material: Entspannungsmusik, Decken, Papier, Malstifte
Förderschwerpunkte: auditive Wahrnehmung, Entspannung, Wohlbefinden, Fantasie

Die Spielleitung verdunkelt den Raum und sorgt für eine entspannende Atmosphäre, z. B. durch leise Hintergrundmusik. Die Kinder breiten Decken auf dem Boden aus und legen sich darauf.
Mit geschlossenen Augen lauschen alle der Stille bzw. der Musik. Das Gedicht wird langsam vorgetragen, dabei werden häufig Pausen gemacht.
Am Ende der Geschichte werden die Kinder durch angeleitetes tiefes Ein- und Ausatmen und Strecken in die Wirklichkeit zurückgeholt. Jedes Kind erhält Papier und Stifte. Die Eindrücke, die dem Kind am besten gefallen haben, bringt es zum Abschluss in einem Bild zum Ausdruck.

Barfuß-Erlebnis-Pfad

Fühlpfade sind ein besonders sinnliches Erlebnis, da Fußsohlen hochempfindsam sind. Durch das Schließen der Augen kann sich das Kind vollständig auf den Fühl-Parcours konzentrieren. Der Spaziergang über die verschiedenen Naturmaterialien macht den Kindern ebenso viel Spaß wie der gemeinsame Aufbau des Pfades selbst.

Alter: ab 5 Jahren
Material: flache Holzkisten oder Wannen, Äste, Sand, Steine, Tannenzapfen, Kies, Blätter, Moos, Gras, Rindenmulch etc.;
evtl. 1 Augenbinde pro Kind
Förderschwerpunkte: Sensibilität, Konzentration, Gleichgewichtssinn

Auf einem Waldausflug sammeln die Kinder die benötigten Materialen, wie Äste, Tannenzapfen und -zweige, Moos, Gras, Steine, Blätter etc.
In der Einrichtung stellen sie flache Holzkisten oder Wannen in einer Reihe auf und füllen sie mit je einem Naturmaterial.
Die Kinder ziehen Schuhe und Strümpfe aus und stellen sich hintereinander an den Beginn des Erlebnis-Pfades. Langsam gehen sie nacheinander über die verschiedenen Untergründe. Am Ende treffen sich alle im Kreis und erzählen von ihren Erfahrungen.

Varianten
* Mit geschlossenen oder verbundenen Augen lassen sich die Materialen unter den Füßen noch besser spüren. Auf ihrem Spaziergang über den Erlebnispfad dürfen die Kinder ihre Sinneseindrücke an den Fußsohlen beschreiben und die Naturmaterialien erraten. Am besten lassen sich die blinden Wanderer von Kindern ohne Augenbinde oder von der Spielleitung ein wenig führen.
* Auch **3- und 4-Jährige** können beim Spaziergang über den Fühlpfad mit offenen Augen teilnehmen. Der Aufbau ist mit Kindern dieser Altersgruppe nur bedingt möglich.

Land der Stille **Text:** Stefanie Zysk

Sei leise, sei leise,
wir starten die Reise,
ins Land der Stille,
hörst du die Grille?
Das Zwitschern und Summen,
das Zirpen und Brummen.
Da raschelt ein Blatt,
fällt es herab?
Von Ferne ein Rauschen,
ihr müsst genau lauschen.
Vielleicht ist es der Wind,
das himmlische Kind.

Kinder brauchen Pausen, um sich nach dem Spielen und Toben zu entspannen. Durch bewusstes Wahrnehmen der Stille kommen Körper und Geist zur Ruhe. Der Einfluss der Außenreize lässt nach. Spannungen bauen sich ab und erlauben es dem Kind, Ausgeglichenheit und inneren Frieden zu finden.

Alter: ab 5 Jahren
Material: evtl. Decken
Förderschwerpunkte: auditive Wahrnehmung, Entspannung, Wohlbefinden

Die Kinder legen sich auf eine Decke auf den Boden oder draußen auf eine weiche Wiese und schließen die Augen. Sie halten ihre Ohren zu und horchen auf ihren Atem, bis sie von der Spielleitung berührt werden.
Die Ohren dürfen jetzt wieder geöffnet werden und die Spielleitung liest das Gedicht langsam vor. Die Kinder konzentrieren sich auf den Text und lauschen im Anschluss auf die Geräusche der Außenwelt. Was ist zu hören?
Am Ende der Lauschzeit erzählen die Kinder, was sie wahrgenommen haben.
Wenn die Lauschzeit im Innenbereich durchgeführt wird, empfiehlt es sich, ein Fenster zu öffnen. In der freien Natur ist dieses Spiel besonders schön.

Gefühle zeigen und erraten

Alter: ab 5½ Jahren
Förderschwerpunkte: emotionale Kompetenz, Darstellungsvermögen

Die Kinder sitzen im Kreis. Die Spielleitung flüstert einem Kind einen Gemütszustand ins Ohr, z. B. traurig, müde, froh, überrascht, ärgerlich etc.
Das Kind stellt diesen Zustand durch Mimik und Körpersprache pantomimisch für alle in der Kreismitte dar. Die Zuschauer fühlen sich dabei in ihr Gegenüber ein. Einige werden intuitiv auch betrübt aussehen oder lassen sich durch das breite Strahlen auf dem Gesicht des Pantomimen anstecken. Wer richtig geraten hat, darf den nächsten Begriff vorführen.

Fernrohr-Blick

Dieses Spiel trainiert die visuelle Wahrnehmung. Die Kinder sehen nur einen kleinen Ausschnitt ihrer Umgebung, den sie unabhängig vom Gesamtbild genau betrachten.

Alter: ab 5 Jahren
Material: 1 Küchenrolle pro Kind
Förderschwerpunkte: visuelle Wahrnehmung, Konzentration

Die Kinder kommen im Kreis zusammen. Jedes Kind erhält eine leere Küchenrolle als Fernrohr und betrachtet dadurch in Ruhe seine Umgebung.
Das jüngste Kind beginnt mit den Worten: *„Durch mein Fernrohr sehe ich etwas, das du nicht siehst, und das ist ein blauer Stuhl / ein Märchenbuch / ein buntes Bild …"*
Die anderen Kinder suchen mit Blick durch ihr Fernrohr den genannten Gegenstand. Der erfolgreiche Entdecker darf sich als nächstes ausgucken, was gesucht wird.

Musikschlange

Alter: ab 5 Jahren
Material: Bewegungsmusik
Förderschwerpunkte: Grobmotorik, Musik, Kreativität

Die Kinder stellen sich hintereinander in einer langen Schlange auf.
Sobald die Musik ertönt, setzt sich die Kinderreihe in Bewegung. Das erste Kind – der Schlangenkopf – bestimmt, welche Bewegung der Schlangenkörper nachahmt, z. B. Hüpfen, Krabbeln, Rollen, auf Zehenspitzen gehen usw.
Stoppt die Musik, geht das erste Kind an das Schwanzende und das nächste Kind bestimmt die neue Bewegungsart.
Das Spiel wird fortgesetzt, bis jedes Kind einmal der Schlangenkopf war.

Verhalten gegenüber Fremden

Ein Kind reagiert **gegenüber Fremden** i.d.R. freundlich und vertrauensvoll. Es antwortet treuherzig auf Fragen und freut sich über Zuwendung. Um ein Kind **vor Gefahren zu schützen** und dennoch seine **Offenheit zu bewahren,** ist es wichtig, einige Regeln für den Alltag gemeinsam festzulegen. Dadurch wird klar, wo Misstrauen und Vorsicht angebracht sind – und wo nicht:

- Das Kind muss **immer Bescheid geben,** wo es sich aufhält.
- Falls ein Kind verloren geht, soll es sich an **Menschen in Uniform** wenden, z. B. PolizistInnen, BusfahrerInnen, KassiererInnen oder KellnerInnen.
- Das Kind muss darüber aufgeklärt sein, **niemals mit einem Fremden mitzugehen.**
- Fremde sind Menschen, die dem Kind und den Eltern oder Bezugspersonen **nicht bekannt** sind.
- Versprechungen durch Fremde müssen vom Kind **konsequent abgelehnt** werden.

Diese Regeln sollten mit dem Kind in Ruhe besprochen und in verschiedenen Situationen wiederholt werden. Es macht keinen Sinn, das Kind dabei in Angst und Schrecken zu versetzen. Es soll nicht verunsichert werden, sondern durch das **Stärken seines Selbstbewusstseins** geschützt werden.

Es ist nicht immer leicht, bei diesem Thema kindgerechte Worte zu finden. **Beispiele** sind hilfreich für das, was ein Fremder sagen könnte: *„Ich habe viele Süßigkeiten für dich bei mir zu Hause."* oder: *„Willst du meine kleinen Hundebabys anschauen?"* oder: *„Deine Mama ist im Krankenhaus, ich soll dich mit nach Hause nehmen."* Dem Kind muss klar gemacht werden, dass nicht jeder Erwachsene ehrlich ist. Manchmal versprechen sie schöne Dinge, die nicht stimmen.

Das Kind muss lernen, sich selbst zwei Fragen zu stellen:
1. Kenne ich die Person, die mich anspricht?
2. Weiß meine Mama oder mein Papa Bescheid?
Beantwortet es eine der beiden Fragen mit „nein", darf es auf keinen Fall mit der Person mitgehen.

Schattenprofile

Alter: ab 5 Jahren
Material: DIN-A3-Papier, Reißzwecken, helle Lampen, Wachsmalkreiden, Scheren
Förderschwerpunkte: visuelle Wahrnehmung, Feinmotorik

Die Kinder gehen paarweise zusammen und je ein Kind setzt sich seitlich mit ein wenig Abstand zur Wand. Die Spielleitung befestigt auf Kopfhöhe der sitzenden Kinder einen Bogen Papier an der Wand.

Mit einer hellen Lampe wird der Kopf des sitzenden Kindes so angeleuchtet, dass der Schatten seines Profils auf dem Papier erscheint.
Sein Partnerkind zeichnet mit einer Wachsmalkreide die Umrisse auf dem Papier nach. Die Kinder tauschen die Positionen, sodass auch das zweite Kind ein Schattenprofil gezeichnet bekommt.
Die Profile werden ausgeschnitten. Erkennen die Kinder die Profile ihrer Freunde? Wer Lust hat, malt sein Profil noch weiter aus.

Steinkunst

Genauer betrachtet zeigen Steine eine große Farben- und Formenvielfalt. Die kindliche Wahrnehmung und Fantasie vermögen darin verschiedenste Tiere oder Gegenstände zu entdecken.

Alter: ab 5 Jahren
Material: Steine, Wasser- oder Plakatfarbe, Pinsel
Förderschwerpunkte: Kreativität, Fantasie, Feinmotorik

Die Kinder suchen draußen nach Steinen, deren Form einem Tier oder einem Gegenstand ähnlich sehen, z. B. einem Fisch, einer Schildkröte, einem Igel, einem Herz etc.
Mit Wasser- oder Plakatfarbe malen sie die Steine entsprechend an.
Die Kinder betrachten ihre Kunstwerke am Ende gemeinsam und erraten, was sie darstellen.
Auf einer Fensterbank aufgestellt sind die bemalten Steine eine wunderschöne Dekoration für den Kindergarten oder das Kinderzimmer.

Der Wichtel Kleckermann

Text: Stefanie Zysk

Der kleine Wichtel Kleckermann
fängt mit zwei blauen Punkten an,
danach folgt schnell ein grüner Strich,
nun fehlt nur noch für das Gesicht
ein großer, roter, schöner Mund,
zwei tolle gelbe Ohren und
ein ganz kreisrunder Wackelkopf
und oben drauf, auf diesen Schopf
kommt noch ein bunter Zipfelhut,
der steht dem kleinen Wichtel gut.

Vorschulkinder lieben Schreibverse wie „Punkt, Punkt, Komma, Strich, fertig ist das Mondgesicht" oder „Das Haus vom Nikolaus". Das Umsetzen eines Reims in Bild und Farbe fördert neben der auditiven Wahrnehmung und der Sprachentwicklung auch die Merkfähigkeit und Feinmotorik.

Alter: ab 5½ Jahren
Material: DIN-A4-Papier, Wasserfarben oder Farbstifte
Förderschwerpunkte: Sprachentwicklung, auditive Wahrnehmung, Umsetzen sprachlicher Anweisungen, Feinmotorik, Merkfähigkeit

Jedes Kind erhält ein Blatt Papier sowie Wasserfarben oder Farbstifte.
Die Spielleitung liest das Gedicht langsam vor und bespricht den Inhalt mit den Kindern. Sie wiederholt den Vers anschließend erneut, während die Kinder passend dazu das Bild zeichnen. Sehen alle gemalten Bilder ähnlich aus oder gibt es trotz der gleichen Vorgaben Unterschiede?
Die Kinder werden nach mehrmaligem Wiederholen den Reim schnell auswendig und selbst nachsprechen können.

Steinmännchen

Oft sehen wir sie in Flussbetten stehen oder als Wegmarkierung im Gebirge – die „Steinmännchen". Sie zu bauen ist nicht leicht und beansprucht Kinder in vielerlei Hinsicht. Die Auswahl der verschiedenen Steine trainiert die visuelle Wahrnehmung. Das Aufeinandersetzen und Ausbalancieren erfordert neben dem Sinn für das Gleichgewicht auch ein hohes Maß an Feinmotorik.

Alter: ab 5½ Jahren
Material: Steine in verschiedenen Größen und Formen
Förderschwerpunkte: Geschicklichkeit, Feinmotorik

Die Kinder suchen Steine in verschiedenen Größen und Formen zusammen.
Vorsichtig beginnen sie, diese aufeinander auszubalancieren. Der größte Stein liegt unten, der Kleinste oben. Das ist eine wackelige Angelegenheit. Wer schafft es, die Steine stabil aufeinanderzusetzen? Wer hat am Ende das größte Steinmännchen gebaut? Zusammen betrachten die Kinder ihr Steinmännchenvolk. Wie könnten sie heißen? Wer weiß einen passenden Namen?

Kleider-Detektive

Alter: ab 5 Jahren
Förderschwerpunkte: visuelle Wahrnehmung, Sprachentwicklung, Wortschatz, Merkfähigkeit, Erinnerungsvermögen

Die Kinder setzen sich in einen Kreis. Die Spielleitung fordert sie auf, alle Kinder genau zu betrachten.
Ein Kind verlässt den Raum und alle anderen beschreiben sein Äußeres so genau wie möglich. Nacheinander nennt dazu jeder ein Kleidungsstück, Schmuck, Haarband usw., z.B.: *„Tom trägt einen rot-weiß gestreiften Pullover aus Wolle."* oder: *„Nina trägt ein grünes Haarband mit bunten Perlen."*
Das Kind wird wieder in den Raum gebeten. Welche Beschreibungen waren richtig? Jetzt darf das nächste Kind das Zimmer verlassen.

Hänschen, sag mal „piep"

Alter: ab 5 Jahren
Material: 1 Augenbinde
Förderschwerpunkte: auditive Wahrnehmung, Kontaktaufnahme

Die Kinder sitzen im Kreis auf dem Boden. Ein Kind sitzt mit verbundenen Augen in der Mitte.
Es krabbelt zu einem der Mitspieler und sagt: „Hänschen, sag mal piep." Kann es durch genaues Hinhören das Kind am Piepton erraten? Das „Hänschen" muss aufpassen, dass es nicht lacht – sonst verrät es sich!

Variante ab 4 Jahren

Nicht nur der Piepton hilft dem Kind weiter, es darf seinen Mitspieler auch abtasten.

Wo lebt welches Tier?

Alter: ab 5½ Jahren
Material: Ball
Förderschwerpunkte: Sprachentwicklung, Wortschatz, Konzentration

Alle Kinder sitzen im Kreis. Der jüngste Spieler erhält den Ball.
Er wählt aus den drei Elementen Erde, Wasser und Luft eines aus. Wer aus dem Kreis als Erster ein Tier nennt, das in diesem Element lebt, bekommt den Ball zugerollt und darf das nächste Element bestimmen.
Statt *„Fisch"* oder *„Vogel"* sollten die Kinder genauere Angaben machen, z. B. *„Hai"*, *„Adler"* etc. Jedes Tier darf nur einmal genannt werden.

Was ist rot?

Alter: ab 5 Jahren
Material: Ball
Förderschwerpunkte: Sprachentwicklung, Wortschatz, Konzentration

Die Kinder sitzen im Kreis. Ein Kind rollt den Ball zu einem anderen Kind und stellt die Frage: *„Was ist rot?"* Das Kind, das den Ball gefangen hat, sagt z. B.: *„Rot ist die Tomate."* Es fragt nach einer neuen Farbe und rollt den Ball zum nächsten Kind.
Die Farben dürfen sich im Laufe des Spiels wiederholen, die Antworten sollten aber immer neu sein.

Spinne im Netz

Alter: ab 5 Jahren
Material: 1 Augenbinde, Glöckchen o.Ä.
Förderschwerpunkte: auditive Wahrnehmung, räumliche Orientierung

Alle Kinder sitzen im Kreis als Umrandung für das Spinnennetz. In der Kreismitte sitzt ein Kind mit verbundenen Augen: die Spinne.
Alle sind ganz still. Ein Kind erhält von der Spielleitung ein Glöckchen, das es in das Netz, in den Kreis wirft. Woher kam das Geräusch? Die Spinne krabbelt durch ihr Netz, um das Glöckchen zu finden, bevor sie die Augenbinde für die nächste Runde an den Glöckchenwerfer übergibt.

Variante ab 4 Jahren

Die Spinne kann durch Zurufe wie *„heiß"* und *„kalt"* beim Finden des Glöckchens unterstützt werden.

Schritt, Schritt, steh'n

Text: Stefanie Zysk

Bewegung und Sprachentwicklung sind eng miteinander verbunden. Vorschulkinder kombinieren gern das Sprechen und Gehen. „Marschverse" vereinen Sprach- und Bewegungsrhythmus. Die Kinder verbessern ihre Körperbeherrschung und ihr Rhythmusgefühl. Sie müssen sich konzentrieren, um Verse und Bewegung aufeinander abzustimmen. Damit dies perfekt klappt, werden die Reime oft Hunderte von Malen wiederholt: Ob im Kindergarten oder auf nicht enden wollenden Spaziergängen – Marschverse bringen Spaß und machen müde Füße wieder munter.

Alter: ab 5½ Jahren
Förderschwerpunkte: Sprach- und Bewegungsrhythmus, Körpergefühl, Merkfähigkeit

Schritt, Schritt, steh'n,	*2 Schritte gehen, stehen bleiben*
wohin willst du geh'n?	*nach links und rechts schauen*
Zwei nach links und klatschen,	*2 Schritte schräg nach links,*
	Füße zusammen, klatschen
zwei nach rechts und patschen,	*2 Schritte schräg nach rechts, Füße zusammen,*
	auf die Oberschenkel patschen
dreh dich einmal rundherum,	*einmal drehen*
mach dich gerade und dann krumm,	*gerade stehen, Rücken krümmen*
streck dich weit nach oben,	*nach oben strecken*
stampfe auf den Boden,	*4 x wechselseitig aufstampfen*
springe lustig hin und her,	*4 x hin und her springen*
tief verbeugen ist nicht schwer.	*stehen und tief verbeugen*
Jetzt vier Schritte rückwärts gehen	*4 Schritte rückwärts auf die Anfangsposition*
und noch einmal stille stehen.	*still stehen*
Nun geht es von vorne an,	
zeigt mir, wer es kann!	
Schritt, Schritt, steh'n ...	

Die Kinder stellen sich nebeneinander in einer Reihe oder im Block auf und bewegen sich passend zu den Versen.
Nur wenn jeder die Bewegung korrekt ausführt, entsteht ein synchroner Ablauf. Wenn nicht, rumpeln die Kinder auch einmal ineinander – das ist lustig und sie werden nicht müde, weiter zu üben.

Tipp: Je geübter die Kinder sind, umso schneller wird das Tempo des Marschverses. Das bedeutet höchste Konzentration und einen riesigen Spaß!

Achtung: Das ist auffällig!

Das Kind im Alter von 5 Jahren sollte einem Arzt vorgestellt werden, wenn es

- Treppen nicht im Wechselschritt ohne Festhalten hinauf- und hinabsteigt,
- einen Ball, der aus 2 m Entfernung zugeworfen wird, nicht fängt,
- den Hampelmannsprung trotz Übens nicht mehrmals hintereinander ausführen kann,
- seinen Namen nicht schreibt,
- einen Menschen, ein Haus und einen Baum nicht mit den wichtigsten Charakteristika zeichnet,
- die Aussprache nicht fehlerfrei oder der Sprachfluss gestört ist,
- vertraute Alltagsgegenstände nicht benennen kann und der Satzbau grammatikalisch falsch ist,
- Farben nicht richtig benennt,
- an Rollenspielen kein Interesse hat,
- keine Spielregeln befolgt und in der Gruppe nicht zurechtkommt,
- sich nicht für mehrere Stunden von seiner Bezugsperson trennt.

AUFMERKSAM SEIN – UND BLEIBEN

Risikofaktoren für die kindliche Entwicklung

In den **ersten 6 Lebensjahren** wird bei einem Kind der **Grundstein für eine gesunde körperliche und geistige Entwicklung** gelegt. Alle Menschen, die ein Kind in dieser Zeit begleiten, tragen eine große Verantwortung, denn bei einem Zurückbleiben in der Entwicklung muss rasch reagiert werden. Ein Abwarten und Herunterspielen, ein Hoffen auf Besserung ohne Hilfe lässt wertvolle Zeit verstreichen. **Kleine Kinder** sind **lernfähiger und offener** als Schulkinder. Je **früher die Förderung eines entwicklungsverzögerten Kindes** begonnen wird, desto besser stehen seine Chancen.

Es ist daher wichtig, **Risikofaktoren für die kindliche Entwicklung** zu kennen. So haben z. B. Neugeborene mit **geringem Geburtsgewicht, Frühgeborene und Kinder aus benachteiligten Familienverhältnissen** (z. B. Armut, Migration, geringe Bildung) eine höhere Wahrscheinlichkeit für Entwicklungs- und Verhaltensauffälligkeiten. Auch **genetische Anlagen, Geburtsschäden** oder **schwere Krankheiten** spielen eine wichtige Rolle. Doch ganz besonders die **Vernachlässigung**

eines Kindes, seine **seelische, körperliche Misshandlung** oder gar der **sexuelle Missbrauch** schädigen seine physische und psychische Entwicklung in existenzieller Weise.

Entwicklungsauffälligkeiten äußern sich häufig in **problematischen Verhaltensweisen** des Kindes, die sich auf unterschiedlichste Art präsentieren können, z. B.:

- Desinteresse,
- mangelnde Konzentrationsfähigkeit,
- große Unruhe,
- Ungeschicklichkeit,
- Impulsivität,
- Aggressionen,
- extreme Trennungsängste,
- Kontaktschwierigkeiten,
- Überängstlichkeit,
- Depressionen.

Die Palette ist weitreichend und kann hier nur beispielhaft aufgeführt werden. Die Ursachen für eine verzögerte Entwicklung oder ein daraus resultierendes auffälliges Verhalten können vielfältig sein und sind für Außenstehende oft nur schwer oder gar nicht zu erkennen.

Wer kann helfen?

Fällt ein Kind durch eine Entwicklungsverzögerung oder ein schwieriges Verhalten auf oder **suchen Eltern Hilfe** im Umgang mit ihrem Kind, gibt es verschiedene Stellen, die Unterstützung anbieten können.

Als erster Ansprechpartner sollte der behandelnde **Kinderarzt** aufgesucht werden, damit er das Kind untersucht und die Situation einschätzt, um das weitere Vorgehen zu besprechen. Falls notwendig muss eine für alle Seiten zufriedenstellende, einfühlsame und kompetente **Förderung** organisiert werden. Besonders wichtig für den Behandlungserfolg ist ein **enges Zusammenarbeiten, Offenheit und Vertrauen** zwischen Kind, Eltern, ErzieherInnen, KinderärztIn und anderen TherapeutInnen wie Ergo-, PhysiotherapeutIn oder LogopädIn.

Doch auch im Alltag brauchen diese Familien Hilfe. Der Umgang oder das Zusammenleben mit verhaltensauffälligen Kindern ist für das gesamte **Umfeld eine große Herausforderung** und stellt für Familien meist eine schwere, kräftezehrende **Belastung** dar. Entwicklungsverzögerte Kinder und ihre Eltern dürfen sich daher **nicht allein gelassen fühlen.** Sie benötigen **fachkundige Unterstützung,** um Antworten auf ihre Fragen zu finden und um ihre täglichen Sorgen, Ängste, Probleme und Konflikte zu bewältigen.

Folgende Einrichtungen können bei Entwicklungsverzögerungen oder Verhaltensauffälligkeiten helfen:
- Erziehungs- und Familienberatungsstellen,
- Frühförderstellen,
- Kinderschutzzentren,
- Jugendamt,
- sozialpädiatrische Zentren.

Bei Verdacht auf Kindesmisshandlung, sexuellen Missbrauch oder Vernachlässigung gibt es folgende Anlaufstellen:
- betreuende KinderärztInnen,
- Deutscher Kinderschutzbund (www.dksb.de),
- Jugendamt,
- Kinder- und Jugendhilfe (www.kinder-jugendhilfe.info),
- Kinderschutzzentren (www.kinderschutz-zentren.org),
- Weißer Ring (www.weisser-ring.de),
- Polizei (für akute Notsituationen außerhalb der Dienstzeiten der Beratungsstellen, wenn Ermittlungen aufgenommen werden sollen oder Strafanzeige erstattet wird).

Resilienz: stark für ein ganzes Leben

Nicht nur Risikofaktoren beeinflussen die Entwicklung eines Kindes. Ebenso wirken sich zahlreiche Schutzfaktoren positiv auf sein zukünftiges Leben aus. **Resilienz** ist dabei ein wichtiges Stichwort (engl. *resilience* = **Widerstandsfähigkeit**): die Fähigkeit, mit Belastungen und Frustrationen von außen umzugehen und Krisen zu überwinden, ohne sich davon nachhaltig schädigen zu lassen. Die Resilienzfähigkeit wird sowohl von den Anlagen eines Menschen als auch von seiner Umwelt geprägt. Man spricht hier von **internen Schutzfaktoren.** Dazu gehören:
- positives Temperament,
- Sozialverhalten,
- Intelligenz,
- ein gutes Selbstwertgefühl,
- Offenheit,
- aktive Stressbewältigung.

Die andere Gruppe sind die **externen Schutzfaktoren.** Sie werden von außen, also vom Umfeld des Kindes bestimmt. Dazu gehören:

- mind. eine dauerhafte, stabile Bezugsperson,
- Zusammenhalt in der Familie,
- enge Geschwisterbindung,
- Problembewältigungsfähigkeiten der Bezugspersonen in Belastungssituationen,
- verlässliche Freundschaften,
- Wertschätzung und Unterstützung durch Eltern und ErzieherInnen,
- soziale Zugehörigkeit,
- dosierte Verantwortlichkeit,
- individuell angemessene Leistungsanforderungen.

Ein Kind für das Leben zu stärken und ihm die besten Entwicklungsmöglichkeiten zu bieten, ist eine große, verantwortungsvolle Aufgabe. Es gilt, dem Kind **Selbstvertrauen** zu geben, indem ihm **Liebe, Zuwendung, Aufmerk-** samkeit, Verständnis und Wertschätzung entgegengebracht werden. Ein Kind braucht Zeit für sich selbst, aber auch Zeit, die wir Erwachsenen ihm geben, wenn wir Interesse zeigen, es unterstützen und loben. Es bedarf nicht immer eines „aktiven" Teilnehmens, oft ist schon die Nähe der Bezugsperson genug Beistand bei der Problemlösung. Dies vermittelt dem Kind ein Zusammengehörigkeitsgefühl, das Gefühl, nicht allein zu sein, das ihm Sicherheit für das Ausprobieren und Trainieren seiner Fähigkeiten gibt.

Eine **individuelle Entwicklung** ist nur möglich, wenn das Kind genug Raum hat, um sich zu entfalten und dies auch zugelassen und unterstützt wird. Dann kann es seine Fantasie und Kreativität ausleben und die **Selbstständigkeit** entwickeln, die für sein späteres Leben so wichtig ist.

Nur dann wird es zu einer **eigenständigen Persönlichkeit** heranwachsen und **stark für ein ganzes Leben** sein.

ANHANG

Spiele-Register

Literatur

Baumann, Thomas: Atlas der Entwicklungsdiagnostik. Vorsorgeuntersuchungen von U1 bis U10/J1. Stuttgart (Thieme) 2007.

Bestle-Körfer, Regina, **Stollenwerk,** Annemarie: Sinneswerkstatt Landart. Naturkunst für Kinder. Münster (Ökotopia) 2009.

Deegener, Günther: Kindesmissbrauch. Erkennen – Helfen – Vorbeugen. Weinheim und Basel (Beltz) 2010.

Montessori, Maria: Die Entdeckung des Kindes. Freiburg (Herder) 1969.

Plooij, Franz X.: Oje, ich wachse! München (Goldmann) 2007.

Pulkkinen, Anne: PEKiP: Babys spielerisch fördern. München (Gräfe und Unzer) 2005.

Seitz, Ruldolf: Was hast du denn da gemalt? München (Don Bosco) 1995.

Speer, Christian P., **Gahr**, Manfred: Pädiatrie. Heidelberg (Springer) 2005.

Stöcklin-Meier, Susanne: Sprechen und Spielen. Kreative Sprachförderung für Kindergarten- und Grundschulkinder. München (Kösel) 2008.

Textor, Martin R. (Hrsg.): Kindergartenpädagogik. Online Handbuch. www.kindergartenpaedagogik.de

Die Autorin

Dr. Stefanie Zysk, geb. 1971, studierte Medizin an der Ludwig-Maximilians-Universität in München und setzte anschließend ihre Ausbildung zur Fachärztin für Kinder- und Jugendmedizin auf allgemein- und intensivmedizinischen Stationen verschiedener Kinderkliniken fort. Seit der Geburt ihrer eigenen Kinder ist Stefanie Zysk als Kinderärztin freiberuflich tätig.

Die Freude an der Arbeit mit und für Kinder führte Stefanie Zysk – jenseits des ärztlichen Arbeitsalltags – zum Kinderbuch. Als Autorin für naturwissenschaftliche Themen und Sachbücher schreibt sie für verschiedene Verlage. Stefanie Zysk lebt mit ihrem Mann und ihren Kindern in einem Vorort von München.

Die Illustratorin

Vanessa Paulzen studierte Kommunikationsdesign an der Universität Essen mit Schwerpunkt Grafik/Illustration. Sie illustrierte zahlreiche Bücher im Ökotopia Verlag, u.a. aus den Reihen „Kinder spielen Geschichte" und „Auf den Spuren fremder Kulturen". Vanessa Paulzen lebt in Düsseldorf und ist neben ihrer Arbeit als Grafikerin auch als freie Künstlerin tätig.